Ingo Siegner

Der kleine Drache Kokosnuss

Mein erster Umwelt- und Naturführer

cbj

Inhalt

Über dieses Buch

Der kleine Feuerdrache Kokosnuss, das Stachelschein Matilda und der Fressdrache Oskar erleben auf der Dracheninsel und in vielen Teilen der Welt immer wieder tolle Abenteuer. Am liebsten verbringen sie ihre Zeit in der Natur und erforschen dort alles, was sie interessiert.
Jede der vier Jahreszeiten hat etwas Besonderes. Was du im Frühling, im Sommer, im Herbst und im Winter alles erleben kannst, was du spielen und entdecken kannst, wie die Tiere sich verhalten und welche Früchte oder Gemüsesorten reif sind, das alles erzählen Kokosnuss und seine Freunde dir in diesem Buch. Dabei vergessen die drei niemals die Tiere und Pflanzen, die besonderen Schutz brauchen. Denn es ist wichtig, rücksichtsvoll mit unserer Natur umzugehen – damit es auf der Dracheninsel und überall auf der Welt so schön bleibt, wie es ist.

Durch das Jahr mit dem kleinen Drachen Kokosnuss

„Bei uns auf der Dracheninsel gibt es ja selten Schnee, aber auch in Europa fällt im Juli keiner. Wisst ihr, warum?“, fragt der Fressdrache Oskar.
„Hm“, macht Kokosnuss. „Weil es dort vier Jahreszeiten gibt: Frühling, Sommer, Herbst und Winter. Und das Wetter und die Temperaturen verändern sich je nach Jahreszeit.“
„Denkt nur an unseren Lieblingsbaum“, sagt Matilda. „Er sieht zu jeder Jahreszeit anders aus.“
Natürlich! Kokosnuss, Matilda und Oskar mögen den Birnbaum in ihrem Garten sehr – ob kahl im Winter, mit weißen Blüten im Frühling oder mit rotgelben Blättern im Herbst. Am liebsten aber sammeln die Freunde die

Frühling

Sommer

heruntergefallenen Birnen ein, damit Mama Mette damit ihren köstlichen Birnenkuchen backen kann.

Im **Frühling** schmilzt der Schnee. Kokosnuss, Matilda und Oskar strecken ihre Nasen den ersten wärmenden Sonnenstrahlen entgegen. Es ist schon hell, wenn sie morgens aufstehen.
Blauer Himmel, schwimmen und Eis essen – Kokosnuss liebt den **Sommer**. Jetzt sind viele Früchte und Gemüsesorten reif. Kokosnuss schläft, bevor es dunkel wird.
Im **Herbst** färben sich die Blätter an den Bäumen bunt. Die Felder sind abgeerntet. Abends wird es schon dunkel, wenn Kokosnuss nach Hause kommt.
Auf der Dracheninsel gibt es selten einen **Winter**, doch wenn, dann ist er klirrend kalt. Matilda, Oskar und Kokosnuss brechen lange, durchsichtige Eiszapfen vom Höhlenrand ab. Die Sonne geht erst auf, wenn Kokosnuss auf dem Schulweg ist.

Herbst Winter

Der Frühling

Kokosnuss, Matilda und Oskar streifen über die Dracheninsel. Es ist so warm, dass sie ihre Wintermützen absetzen können. Die Vögel zwitschern in den Bäumen, und hier und da sind erste Blumen zu sehen. Wenn kleine Kaninchen über die Wiesen hoppeln, ist der Frühling da! Zum Frühling gehören die Monate **März**, **April** und **Mai**.

Im März ist es an manchen Tagen so warm, dass du keine Jacke brauchst, an anderen wird es wieder eisig kalt, und es kann sogar schneien. Im April macht das Wetter eh, was es will: Graupelschauer, Wind, Sonnenschein und Regen wechseln sich ab. Im Mai kannst du den Sommer erahnen und oft draußen in der Sonne sitzen.

Doch dann kommen die **Eisheiligen**: In den fünf Tagen im Mai kann es noch mal richtig kalt werden und Pflanzen erfrieren. Manche Gärtner bringen ihre empfindlichen Blumen erst danach nach draußen.

Früher haben sich die Menschen wiederkehrende Wetterereignisse anhand der Namenstage von Heiligen gemerkt: Mamertus (11.5.), Pankratius (12.5.), Servatius (13.5.), Bonifatius (14.5.) und die „kalte" Sophie (15.5.) sind die Eisheiligen.
Am letzten Sonntag im März wird die Uhr nachts von zwei Uhr auf drei Uhr vorgestellt. Dann beginnt die **Sommerzeit**. Die Idee ist, dass man im Sommer das Tageslicht besser ausnützen kann und so weniger Strom verbraucht. Die Sommerzeit endet am letzten Sonntag im Oktober. Dann gilt die Winterzeit – bis zum März des nächsten Jahres.

Im Frühling wachen Hamster, Igel, Siebenschläfer, Fledermäuse und Murmeltiere aus dem Winterschlaf auf. Außerdem ist der Frühling die Zeit der Tierbabys! Eichhörnchen, Rehkitze und Frischlinge (Kinder der Wildschweine) werden geboren.

Tipp: Wenn du ein Rehkitz im Gras siehst, verhalte dich ruhig und fasse es auf keinen Fall an. Wenn es nach dir riecht, wird es von seiner Mutter verstoßen. Dass die Reh-Mama sich nicht ständig in der Nähe ihres Kindes aufhält, ist normal: Rehe bleiben am Tag nur kurze Zeit bei ihren Kitzen, um sie zu säugen. Die Mama will die Fressfeinde nicht auf die jungen Tiere aufmerksam machen.

Wildschwein-Mama (Bache) mit Frischlingen

Frühblüher

Kokosnuss atmet die frische Luft tief ein. An den Bäumen zeigen sich die ersten Knospen, und auch auf den Wiesen strecken **Schneeglöckchen**, **Krokusse** und **Osterglocken** ihre Köpfchen aus der Erde. Die Pflanzen, die als Erste im Jahr Blätter und Blüten bilden, heißen **Frühblüher**. Die meisten von ihnen sind Zwiebelblumen. Die Zwiebel, die unter der Erde ist, steckt voller Nährstoffe und sorgt dafür, dass schon im Winter ein Pflanzenkeim entstehen kann. Werden die Tage länger, bekommen die Blumen mehr Licht und Wärme und beginnen zu wachsen.

Info: Auch im Wald gibt es im Frühjahr viele Farbtupfer: Bevor die Bäume mit ihrem grünen Blätterdach das Sonnenlicht abschirmen, blühen auf dem Waldboden Veilchen, Buschwindröschen und Bärlauch.

Tipp: Bärlauch schmeckt ein bisschen wie Knoblauch und wird beim Kochen gern zum Würzen benutzt. Du solltest ihn im Wald aber nie pflücken, da er leicht mit den hochgiftigen Maiglöckchen und den Blättern der ebenfalls giftigen Herbstzeitlose verwechselt werden kann!

Pflanze deine eigenen Frühblüher

Das brauchst du:

- Blumenzwiebeln von Tulpen, Krokussen, Osterglocken, Schneeglöckchen, Buschwindröschen aus der Gärtnerei, dem Baumarkt oder dem Gartencenter
- kleine Schaufel
- Beet oder Rasenstück

So geht's:

1. Suche einen hellen und sonnigen Standort für deine Blumenzwiebeln.
2. Lockere den Boden ein wenig auf und setze die Zwiebeln hinein. Auf der Verpackung steht, wie tief du die Zwiebel in die Erde stecken musst.
3. Bedecke die Zwiebel gut mit Erde und gieße sie.
4. Achte darauf, dass der Boden um die Blumenzwiebel in der folgenden Zeit nie ganz austrocknet.
5. Anfang bis Mitte März schauen deine Blumen aus der Erde heraus!

Wenn du deine Blumenzwiebeln bereits im Herbst einpflanzt, hast du im Frühjahr bald die ersten Farbtupfer im Rasen oder Beet.

Zugvögel

„Da! Sie kommen zurück!", ruft Oskar und zeigt aufgeregt nach oben. Elegant segeln große schwarz-weiße Vögel durch die Luft: Die Störche sind wieder da. Doch nicht nur sie kehren im Frühling zu uns zurück. Die Hälfte unserer etwa 250 heimischen Vogelarten sind **Zugvögel**, die im wärmeren Süden von Europa oder in Afrika den Winter verbringen. Aber woher wissen die Vögel, wann sie zurückkehren können? Sie erkennen das an der Länge der Tage und am Stand der Sonne, an der Temperatur und am Nahrungsangebot.

Weißstörche sind Gewohnheitstiere: Jedes Jahr fliegen sie im Herbst dieselbe Route in den Süden und im Frühjahr wieder zurück. Dabei fliegen sie entweder eine Ostroute oder eine Westroute über Europa nach Afrika. Störche sind Land-Segelflieger. Sie brauchen die Aufwinde über Land. Deshalb fliegen sie nicht über das offene Meer, sondern wählen die Route über Gibraltar oder den Bosporus. Storchenpaare bleiben ein Leben lang zusammen, überwintern aber manchmal an verschiedenen Orten.
Beim **Buchfink** zieht nur das Weibchen in den Süden. Das Männchen bleibt hier. Solche Vögel heißen **Teilzieher**.
Den weitesten Weg von allen legt die **Küstenseeschwalbe** zurück: Sie fliegt vom Nordmeer bis in die Antarktis und zurück. Das sind in jedem Jahr bis zu 50 000 Kilometer – ein absoluter Rekord!
Der **Mauersegler** ist sein ganzes Leben, wenn er nicht gerade brütet, in der Luft. Er verbringt den Winter in Afrika und fliegt in Höhen von bis zu 3000 Metern.
Der **Kuckuck** ist dafür bekannt, dass er seine Eier in fremde Nester legt und seine Jungen von anderen Vogeleltern aufziehen lässt. Auch bei seinen Reisen ist er eigen: Er fliegt die etwa 10 000 Kilometer gern allein nach Afrika – am liebsten in der Nacht.

Vogelbeobachtung

Im Frühling ziehen Kokosnuss, Matilda und Oskar gern mit Fernglas und Notizblock los, um Vögel zu beobachten. Versuch das doch auch mal!

Das brauchst du:

- Fernglas
- Vogelbestimmungsbuch oder Vogel-App fürs Smartphone (App nicht draußen abspielen, denn das verwirrt die Vögel!)
- Geduld

So geht's:

1. Ziehe dich warm an und suche dir ein windgeschütztes Plätzchen.
2. Setze dich mit dem Rücken zur Sonne und verhalte dich ruhig.
3. Vogelbeobachtung beginnt mit den Ohren: Die meisten Vögel hörst du, bevor du sie siehst. Suche dann mit dem Fernglas nach dem Sänger oder der Sängerin.

Tipp: Die wichtigsten Merkmale zur Erkennung eines Vogels sind der Lebensraum, die Größe, das Gefieder und der Gesang. Wenn du magst, höre dir im Internet vorher Vogelstimmen an. Dann kannst du die Vögel in der Natur leichter erkennen.

Nistkasten im Garten

Während Kokosnuss und Oskar noch den heimkehrenden Vögeln am Himmel nachschauen, beobachtet Matilda eine kleine Meise, die zu ihrem Nest in einer Baumhöhle fliegt. Im Schnabel trägt sie einen Regenwurm. Sie hat ihr Nest, in dem sie ihre sechs Eier ausbrütet, kuschelig ausgepolstert. Ein junges Meisenküken ist sogar schon geschlüpft!
Vielen Vögeln gehen im Frühjahr die Brutplätze aus. Außerdem brüten zahlreiche Arten in fast geschlossenen **Nisthöhlen**. Weil natürliche Höhlen immer seltener werden, kannst du Meisen, Staren und Rotschwänzchen mit einem Nistkasten helfen. Und du lässt dir von einem Erwachsenen helfen.

Das brauchst du:

- Blumentopf (17 cm Durchmesser)
- Holzbrett, auf das der Blumentopf passt
- 2 Senkkopfschrauben
- Acryl-Kleber (lösungsmittelfrei)
- Rundfeile
- Akkuschrauber
- Ast als Sitzstange

So geht's:

1. Bohre ein Loch durch das Brett und in den Ast. Setze eine Schraube ein, sodass der Ast senkrecht auf dem Brett steht.

2. Bohre am oberen Ende des Brettes ein zweites Loch, um das Brett später an der Wand zu befestigen.

3. Vergrößere mit einer Rundfeile das Loch am Blumentopf auf 30 Millimeter Durchmesser.

4. Dann bestreichst du den Rand des Blumentopfs mit Acryl-Kleber und klebst den Topf oberhalb der Sitzstange auf das Brett.
5. Wenn der Kleber ausgehärtet ist, kannst du die Meisen-Nisthöhle an einer Wand befestigen, die nach Osten oder Südosten ausgerichtet ist. So ist die Nisthöhle vor Hitze und schlechtem Wetter geschützt.
6. Suche einen Platz in etwa 3 Metern Höhe, damit der Nistkasten vor Mardern und Katzen sicher ist.

Tipp: Bringe deinen Nistkasten spätestens im Februar an, denn dann suchen Meisen nach geeigneten Plätzen zum Brüten. Stachelige Pflanzen rund um den Kasten schützen die Vögel vor Nesträubern. Nimm den Kasten im Herbst ab und mach ihn vorsichtig sauber.

Das Morgenkonzert der Vögel

Besonders im Frühjahr wird der kleine Drache Kokosnuss morgens von einem Vogelstimmenkonzert geweckt. Doch wie bei einem Orchester, bei dem nicht immer alle Instrumente zur gleichen Zeit spielen, singen auch nicht alle Vögel gleichzeitig. An der Zeitleiste kannst du ablesen, wie viele Minuten vor Sonnenaufgang welcher Vogel zu zwitschern beginnt. Die Angaben in der Zeichnung sind nur ungefähr. Die Region oder das Wetter

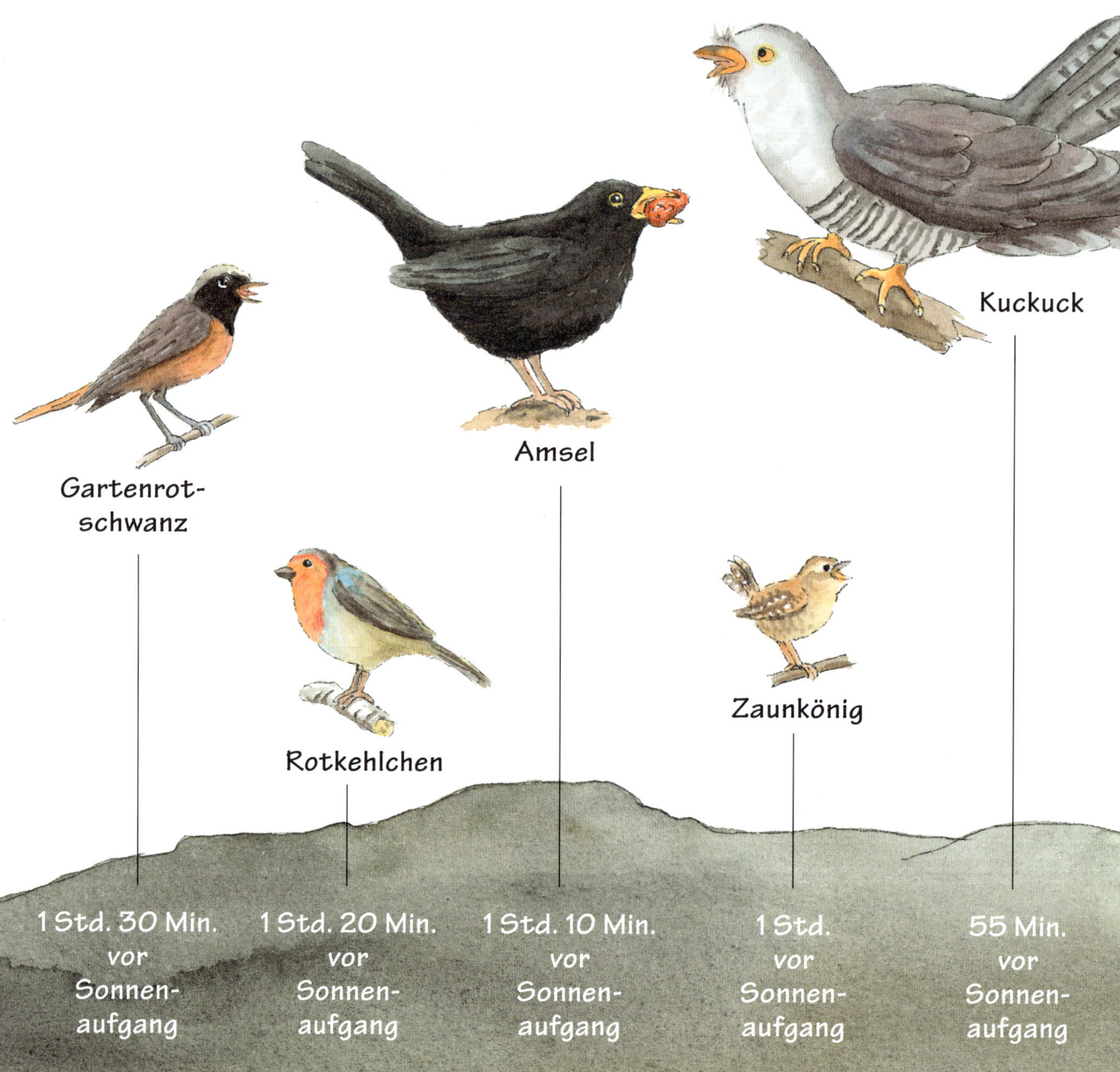

beeinflusst den Beginn des Morgenkonzerts. In der Regel singen Vögel um den Sonnenaufgang herum, von 3 bis 10 Uhr. Dann hören sie langsam auf. Übrigens in derselben Reihenfolge, in der sie begonnen haben. Meistens singen nur die Männchen. Sie wollen dem Reviernachbarn zeigen: Hier bin ich! Außerdem locken sie mit ihrem Gesang Weibchen an.

Info: Viele Vögel sitzen gern auf erhöhten Dingen, um dort zu zwitschern und eine gute Sicht auf Insekten oder mögliche Feinde zu haben. Wenn kein hoher Baum oder ein Dachgiebel bei dir in der Nähe ist, kannst du mit hohen Stangen nachhelfen.

Schmetterlinge im Frühling

Mit den bunten Blüten, die überall aus dem Boden gucken, entdecken der kleine Drache Kokosnuss und seine Freunde auch die ersten Schmetterlinge: Das wärmere Wetter lockt von März bis Mai zum Beispiel **Zitronenfalter**, **Tagpfauenauge**, **Admiral**, den **Kleinen Fuchs** und den **Aurorafalter** an.

Tipp: So flattern Schmetterlinge bei dir auf dem Balkon, der Terrasse oder im Garten: Besorge dir Päckchen mit Wildblumensamen in der Gärtnerei oder dem Baumarkt. So kannst du Wildblumen pflanzen, sodass vom Frühling bis zum Herbst immer etwas blüht. Frage deine Eltern, ob sie kleine Stellen in eurem Garten verwildern lassen: Auf bestimmten Pflanzen legt der Schmetterling seine Eier ab, und dort fühlen sich die Raupen wohl. Der seltene Aurorafalter mag besonders das Wiesenschaumkraut und das Pfauenauge Brennesseln..

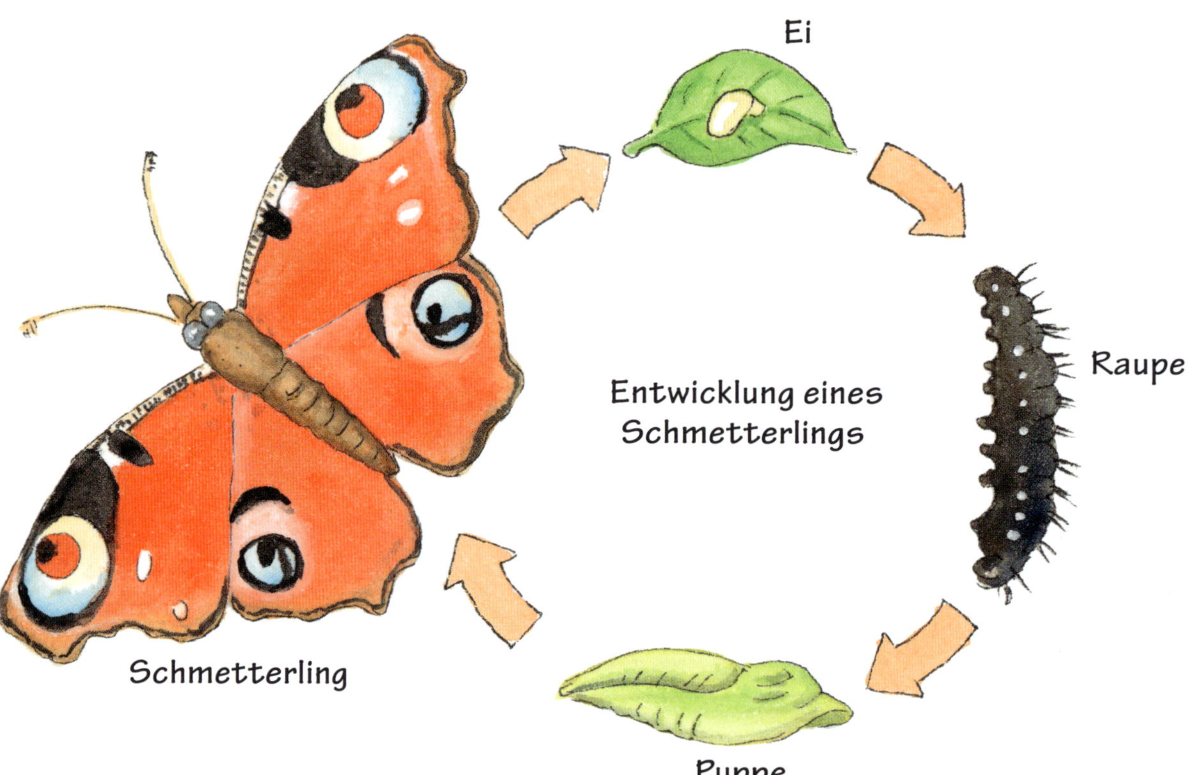

Schmetterling aus Wasserfarben

Die Freunde von der Dracheninsel sind begeistert von den schönen Mustern auf Schmetterlingsflügeln und versuchen, eigene Muster zu erfinden.

Das brauchst du:

- weißes A3-Zeichenpapier
- Wasserfarbe
- Bleistift
- Pinsel
- Glitzerstaub

So geht's:

1. Falte das Papier in der Mitte zusammen und klappe es wieder auf.
2. Zeichne auf eine Hälfte einen halben Schmetterling grob vor. Der muss nur ein Rahmen für die Fläche sein, die du ausmalst.
3. Male die Hälfte mit Wasserfarbe an. Denk dir Muster und Formen aus.
4. Falte das Papier wieder zusammen, solange die Farbe noch nass ist. Drücke es einmal gut fest und klappe es dann wieder auf.
5. Fertig ist dein Schmetterling! Jetzt kannst du ihn mit Glitzer verzieren, ihn ausschneiden und auf ein anderes farbiges Blatt kleben.

Apfelblüte und Steuobstwiese

Wenn die Apfelbäume blühen, ist der Frühling endgültig da, findet Kokosnuss. Wie sein Lehrer Dr. Bronco Blumenkohl ist der kleine Feuerdrache ein begeisterter Naturforscher und Biologe. Heute möchte er sich eine Apfelblüte mal genau ansehen. Außerdem will er das Rätsel lösen, wie es sein kann, dass ein Apfelbaum im Frühling voller duftiger Blüten ist und am Ende des Sommers hängen rotbackige Äpfel daran, aus denen man viele leckere Dinge zubereiten kann. Erforsche mit Kokosnuss eine Apfelblüte!

Das brauchst du:

- Apfelblüte
- Stift und Papier
- Lupe
- Pinzette

So geht's:

1. Zupfe eine Apfelblüte vom Baum und schau sie dir genau an.
2. Um die Apfelblüte vergrößert anzusehen, könntest du eine Lupe verwenden.
3. Zupfe die Blütenteile von außen nach innen mit einer Pinzette vorsichtig ab und zeichne das, was du entdeckt hast, auf ein Blatt Papier und schreibe die Namen dafür daneben.

4. Die fünf grünen Kelchblätter umhüllen die Blütenknospe.
5. Die fünf rosa-weißen Blütenblätter der Apfelblüte heißen Kronblätter.
6. Im Inneren der Blüte kannst du in der Mitte den Griffel mit der Narbe sehen. Am unteren Ende sind sie mit dem Fruchtknoten verwachsen. Daraus bildet sich nach der Bestäubung durch Bienen und andere Insekten der Apfel.
7. Um den Griffel stehen die Staubblätter mit je zwei Staubbeuteln mit dem leuchtend gelben Pollen.

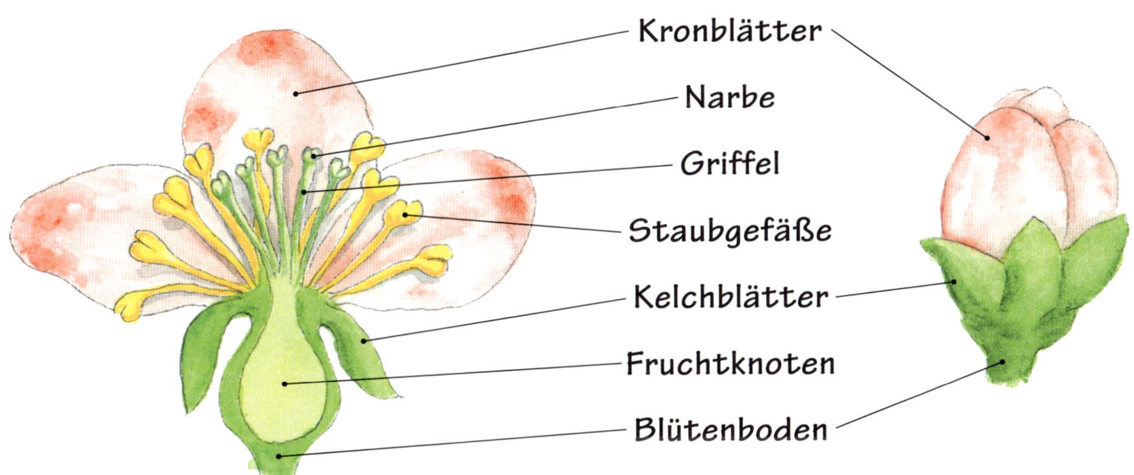

Info: Heutzutage wachsen Äpfel auf Obstplantagen. Niedrige Apfelbäume stehen in langen Reihen nebeneinander. Wichtig ist, dass die Bäume möglichst ohne Leiter abgeerntet werden können und zwischen den Reihen der Traktor mit dem Anhänger fahren kann. Darauf stehen die Obstkisten, in die die Äpfel gepackt werden. Früher gab es fast überall Streuobstwiesen. Die heißen so, weil die Obstbäume verstreut auf der Wiese standen. Heute werden die meisten Wiesen gemäht oder als Weiden genutzt. Dabei bietet ein einzelner Apfelbaum Lebensraum und Nahrung für viele verschiedene Lebewesen. Auf Streuobstwiesen leben bis zu 5000 Tier- und Pflanzenarten!

Oskars selbst gemachter Apfelsaft

Magst du auch so gerne Apfelsaft wie der kleine Fressdrache und seine Freunde? Selbst gemachter Saft aus frisch verarbeiteten Äpfeln schmeckt viel besser als gekaufter. Hier verrät Oskar dir, wie er den superleckeren, süßen Saft zubereitet.

Das brauchst du:

- 2 kg Äpfel (je saftiger die Apfelsorte, desto mehr Saft erhältst du)
- Messer
- 1 l Wasser
- 2 Kochtöpfe
- Nudelsieb
- Trichter
- Reibe
- 1 sauberes Küchenhandtuch
- 1 Schöpflöffel
- saubere, verschließbare Flaschen

So geht's:

1. Wasche die Äpfel und schneide sie mit der Hilfe eines Erwachsenen in Viertel.
2. Reibe die Äpfel über einem der Kochtöpfe klein. Pass dabei auf deine Finger auf. Wenn du dicht an der Reibe bist, lass dir von einem Erwachsenen helfen, damit du dich nicht verletzt.
3. Gieße das Wasser zu den geriebenen Äpfeln. Setze den Deckel auf den Topf.
4. Bitte einen Erwachsenen, gemeinsam mit dir die Äpfel etwa eine halbe Stunde zu erhitzen. Das Ganze sollte nur leicht köcheln. Immer wieder umrühren. Danach lässt du die Masse abkühlen.

5. Hänge das Sieb in den zweiten Topf und lege ein sauberes Küchentuch in das Sieb. Schöpfe Apfelmasse löffelweise ins Tuch. Dann nimm die Ecken des Küchentuchs und drehe es so ein, dass du es über dem Sieb auswringen kannst. Der Saft läuft aus dem Tuch in den Topf. Wiederhole den Vorgang mit der ganzen Apfelmasse.
6. Der Topf mit dem Saft kommt nun auf den Herd. Erhitze den Saft, bis es an der Oberfläche leicht schäumt. Dann lass ihn auskühlen. Setze den Trichter auf die Flaschen und fülle den Saft ein – fertig ist dein selbst gemachter Apfelsaft.

Tipp: Aus den Apfelresten im Küchentuch kannst du später Apfelmus machen!

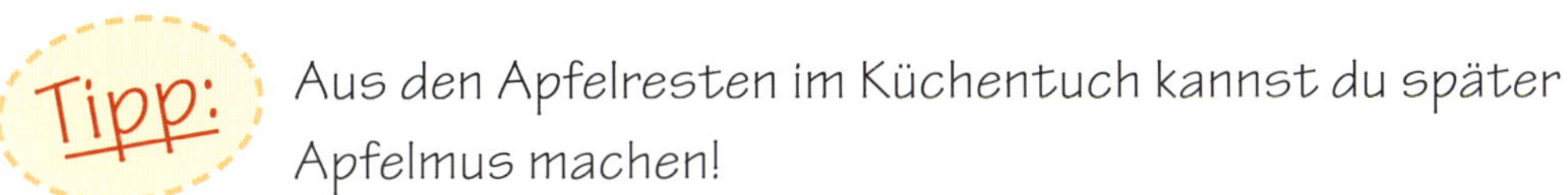

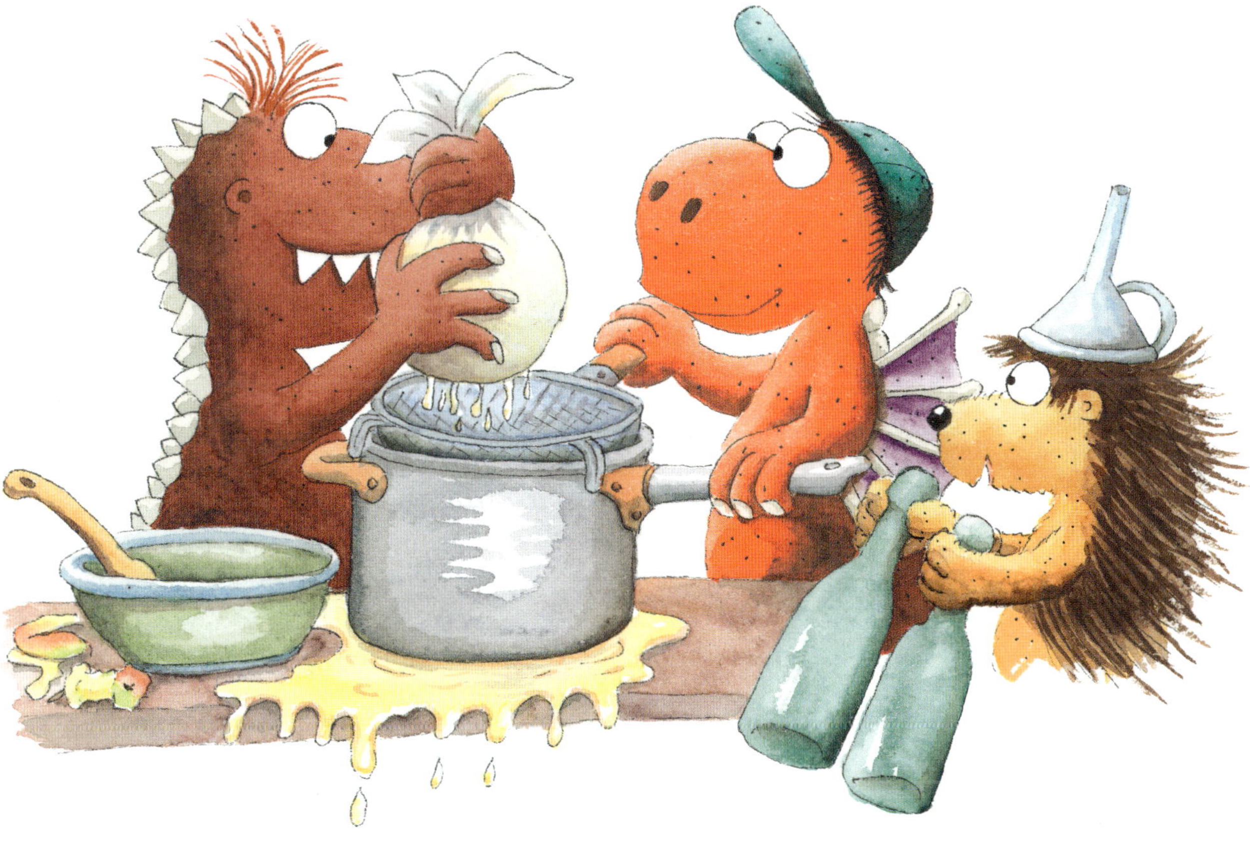

So viele Tierkinder!

Kokosnuss, Matilda und Oskar suchen im hohen Gras nach Ostereiern und Schokoladenhasen. Da, Matilda hat was hinter einem Busch entdeckt! Doch was ist das? Das Häschen ist echt und hoppelt davon …

Im Frühling werden in Wiesen und Wäldern, an Seen und Flüssen Tierkinder geboren. Die Kleinen wuseln ihren Eltern vor den Füßen herum und entdecken die Welt. Bis es so weit ist, dauert es bei manchen Tierbabys eine Weile. Hasen, Kaninchen, Vögel, Mäuse und Hamster, ja, auch Bären und Wölfe sind in den ersten Wochen ihres Lebens teilweise blind, taub, nackt und sehr hilflos. Sie bleiben in einem sicheren Bau, einer Höhle oder einem Nest und werden dort von ihren Eltern versorgt. Diese Tierbabys heißen **Nesthocker**.

Andere Tierkinder wie Lämmer, Fohlen, Kälber und Rehkitze kommen auf der Weide oder im Gebüsch zur Welt. Diese Tiere haben viele Feinde, wenn sie nicht in einem Stall oder einem Gehege leben. Deshalb können sie ganz schnell aufstehen, laufen und notfalls auch fliehen. Sie heißen **Nestflüchter**.

Fast überall dort, wo Pflanzen wachsen, kannst du im Frühling auch die Nachkommen von Spinnen, Schnecken und Insekten entdecken. Einige Insekten schlüpfen aus den Eiern, die ihre Mutter im letzten Herbst am Boden abgelegt hat, andere haben schon als Baby überwintert.

Die allermeisten Tierkinder schlüpfen aus **Eiern**. Vögel legen ja sowieso Eier, aber auch Fische, Reptilien, die meisten Amphibien, Insekten und Weichtiere. In den Eiern sind die Jungtiere mit Nährstoffen versorgt und eine Zeit lang vor der Außenwelt geschützt.

Warum bekommen so viele Tiere ihre Kinder im Frühling? Ganz einfach: Die Tage sind wärmer und länger, die Bäume grün, und es gibt mehr Futter, mit dem sich die Kleinen sattfressen können. So wachsen sie den Sommer über und sammeln Kraft, damit sie ihren ersten Winter gut überstehen.

Bäume im Frühling

„Was denkt ihr, wie hoch der ist?“, fragt Matilda und legt den Kopf in den Nacken. Sie steht mit Kokosnuss und Oskar unter einem riesigen Baum. An den Zweigen sind die ersten Knospen zu erkennen. Wenn es im Sommer heiß ist und die Sonne vom Himmel brennt, sitzen Kokosnuss und seine Freunde unter dem grünen Laubdach im Schatten und genießen das Rauschen der Blätter im Wind.

Bäume sind für alle Lebewesen lebenswichtig. Sie produzieren den **Sauerstoff**, den wir zum Atmen brauchen – schon ein kleines Bäumchen so viel, dass es für fünf Menschen reicht. Außerdem filtern Bäume schädliche Gase. An Blättern und Nadeln sammelt sich Staub aus der Luft, und der wird bei Regen in den Boden gespült. Besonders in großen Städten ist das gut. Bäume liefern uns Holz zum Bauen und als Brennstoff. Außerdem ist ein Baum ein wichtiger Lebensraum und bietet Nahrung für viele Tiere. Auch **Totholz**, wie umgefallene Bäume, abgebrochene Äste oder Baumstümpfe, ist wichtig für unzählige Käfer, andere Insekten, Vögel und Pilze.

Info: Die häufigsten Baumarten bei uns sind Kiefer, Buche und Eiche, Kastanie, Ahorn, Birke – und die Fichte, auch wenn sie durch die Trockenheit und den Befall des Borkenkäfers immer seltener wird. Weißt du, welcher Baum ein Laub- und welcher ein Nadelbaum ist?

Das Belauschen der Bäume

Kokosnuss, Matilda und Oskar haben im letzten Frühling entdeckt, dass sie mit wenigen Hilfsmitteln den Bäumen „beim Trinken" zuhören können. Die Wurzeln nehmen jetzt viel Wasser auf, damit sich die Blätter schnell entwickeln können.

Das brauchst du:

- Schlauch (etwa 50 Zentimeter lang)
- Trichter, der mit seinem Ende in den Schlauch passt
- Sandpapier (alle Dinge im Baumarkt erhältlich)
- Junge Bäume, die eine dünne Rinde haben (am besten Birken oder Buchen)

So geht's:

1. Stecke ein Ende des Schlauchs in das Rohr am Trichter. Jetzt hast du ein Stethoskop wie ein Arzt.
2. Schleife die Kanten am anderen Ende des Schlauchs mit dem Sandpapier ab. So tut es nicht weh, wenn du dir den Schlauch ans Ohr hältst.
3. Drücke den Trichter auf deine Brust und halte das Schlauchende an dein Ohr. Du hörst deinen Herzschlag.
4. Wenn du das Stethoskop an einen Baumstamm hältst – hörst du das Wasser rauschen und gurgeln? Auch Tiere, die sich am und im Stamm aufhalten, kannst du vielleicht belauschen.

Ostern auf der Dracheninsel

Alle Drachen sind auf den Beinen. Mit kleinen Körbchen am Arm suchen sie die Dracheninsel ab. Überall blitzen bunte Ostereier hinter Büschen hervor.
Ostern ist das älteste christliche Fest, mit dem Christen die Auferstehung von Jesus feiern. In der Ostergeschichte in der Bibel kommen einige Frauen zu der Felshöhle, in die der tote Jesus nach der Kreuzigung gelegt worden ist. Zu ihrem Erstaunen ist der große Felsen, der die Höhle versperrt hat, beiseitegerollt, und der Körper von Jesus verschwunden. Ein Engel erklärte den Frauen, dass Jesus „auferstanden“ ist.
Und warum sind Ostereier bunt? Eine Geschichte erzählt, dass Menschen früher in der Fastenzeit – das sind 46 Tage vor Ostern – weniger Eier verzehrt haben. Die Hühner haben aber weiter Eier gelegt. Und damit man wusste, wie alt die Eier sind, wurden sie in verschiedenen Farben angemalt. Ostern steht für neues Leben. Und aus Eiern schlüpfen Küken. Warum man sagt, der Osterhase bringt die Eier, weiß man nicht. Vielleicht, weil Hasen besonders viele Kinder bekommen.

Oskars bunter Osterstrauß

Oskar möchte seinen Eltern eine Freude machen und die Fressdrachenhöhle mit einem Osterstrauß schmücken.

Das brauchst du:

- Zweige von Birke, Kirsche oder Weide
- Vase
- rohe Eier
- Glas
- Stecknadeln
- Holzstäbchen aus der Küche
- Bindfäden
- Streichhölzer
- Wasserfarben, Lackstifte, Eierfarben, Aufkleber und was dir sonst noch zum Verzieren einfällt

So geht's:

1. Stelle die Zweige in eine Vase mit Wasser.
2. Nimm ein rohes Ei und pikse oben und unten je ein Loch hinein. Halte das Ei über das Glas, lege deine Lippen vorsichtig über das obere Loch und puste. Eigelb und Eiweiß fließen in das Glas, und du hast nur noch die Schale.
3. Mache das mit allen Eiern, die du verzieren willst. Du kannst mit Eiweiß und Eigelb später Rühreier machen oder einen Kuchen backen.
4. Stecke die leeren Eierschalen vorsichtig auf Holzstäbchen. Nun kannst du sie anmalen und verzieren.
5. Wenn du mit dem Verzieren fertig bist, nimm das Ei vom Holzstäbchen. Jetzt knote einen Faden um ein abgebrochenes Streichholz. Schiebe das kurze Streichholz mit dem Faden vorsichtig oben ins Eierloch. Nun kannst du das bunte Ei am Faden in den Osterstrauß hängen.

Tipp: Die Löcher in den Eiern musst du mit der Stecknadel vielleicht vorsichtig etwas größer machen. Und nicht zu doll pusten – das Ei kann schnell zerbrechen!

Spiele für den Frühling

Der Frühling ist eine tolle Zeit zum Herumtoben! Kokosnuss, Matilda und Oskar sind so viel wie möglich draußen an der frischen Luft und denken sich lustige Spiele aus.

Der Frühling ist da und ich sehe …

Dieses Spiel geht wie „Ich packe meinen Koffer …" Anders ist nur, dass man draußen herumläuft und sagt, was man dort entdeckt.
Kokosnuss beginnt: „Der Frühling ist da, und ich sehe ein Schneeglöckchen."
Dann sagt Oskar: „Der Frühling ist da, und ich sehe ein Schneeglöckchen und eine Meise." Matilda macht weiter: „Der Frühling ist da, und ich sehe ein Schneeglöckchen, eine Meise und einen Regenwurm."
Wer sich die meisten Dinge merken kann, ohne bei der Aufzählung einen Fehler zu machen, hat gewonnen.

Hasenjagd

Ihr braucht ein Halstuch, ein Geschenkband oder einen längeren Stoffstreifen pro Mitspielerin. Ein Kind ist der Fuchs. Alle anderen stecken sich das Band oder den Stoff hinten in den Hosenbund. Das sind die Hasenschwänzchen. Verteilt euch auf dem Spielfeld. Auf Los muss der Fuchs versuchen, die Hasen am Schwänzchen zu erwischen. Wer geschnappt wurde, scheidet für diese Runde aus. Das Häschen, das bis zum Schluss nicht erwischt wird, darf in der nächsten Runde der Fuchs sein.

Eierlauf

Die Freunde von der Dracheninsel bauen aus Gartenstühlen, Blumentöpfen oder ähnlichen Dingen einen Hindernisparcours auf. Kokosnuss, Oskar und Matilda schnappen sich einen Esslöffel, legen ein gekochtes Ei oder einen kleinen Ball darauf, strecken den Arm nach vorne aus und laufen im Wettrennen den Parcours ab. Wem zuerst das Ei herunterfällt, der hat verloren.

Alle Feuerdrachen fliegen hoch!

Viele Kinder sitzen um einen Gartentisch. Ein Spielleiter ruft: „Alle Feuerdrachen fliegen hoch!“ Ihr trommelt währenddessen leicht mit beiden Handflächen oder den Fingerspitzen auf die Tischkante. Bei „Alle Feuerdrachen fliegen hoch!“ heben alle ihre Arme in die Luft, denn Feuerdrachen können ja fliegen. Danach ruft der Spielleiter: „Alle Fressdrachen fliegen hoch!“ Ihr müsst blitzschnell überlegen: Können Fressdrachen fliegen? Nein, deswegen klopfen die Hände weiter auf den Tisch. Wer trotzdem die Arme hebt, scheidet aus. Danach kann der Spielleiter alle möglichen Tiere oder Dinge nennen, die fliegen oder nicht fliegen können. Gewonnen hat, wer bis zum Schluss richtig reagiert hat. Dieses Kind leitet in der nächsten Runde das Spiel.

Obst und Gemüse im Frühling

In den Monaten März, April und Mai sind einige Obst- und Gemüsesorten in dem kleinen Garten des Drachen Kokosnuss und seinen Freunden reif. Es sind zwar noch nicht so viele, aber sie schmecken köstlich!

Radieschen sind das erste Gemüse, das man ernten kann. Sie sind leicht zu säen und außerdem sehr gesund, weil sie Vitamin C, Kalium und Folsäure enthalten. Die leichte Schärfe der Radieschen kommt von Senf-Ölen. Die verhindern, dass Tiere Radieschen fressen.

Kohlrabi enthält viel Vitamin C, Kalzium und Magnesium und ist damit supergesund. Kokosnuss knabbert ihn sehr gern roh, denn ungekochter Kohlrabi verursacht, im Gegensatz zu manch anderem rohen Gemüse, kein Magengrummeln.

Eigentlich ist **Rhabarber** ein Gemüse, aber wird meistens wie Obst verwendet. Essen kannst du nur die Stangen, und das nur gekocht oder gebacken. Die Blätter enthalten besonders viel giftige Oxalsäure. Oskar findet, dass der Himbeerrhabarber mit seinen knallroten Stängeln am besten schmeckt.

Matilda liebt **Erdbeeren**! Jedes Jahr freut sie sich auf die roten Früchte – die eigentlich gar keine Früchte sind. Die kleinen Kerne außen auf der Erdbeere sind nämlich gelbe Nüsschen. Deshalb gehören Erdbeeren zu den Nüssen. Erdbeeren wachsen fast überall auf der Erde. Es gibt viele verschiedene Sorten, und man vermutet, dass sich schon die Steinzeitmenschen über ihren tollen Geschmack gefreut haben.

Spargel gibt es nur im Frühjahr und ist besonders gesund. Wenn dir der Geschmack von Spargel zu intensiv ist, probiere ihn im Risotto oder in gefüllten Pfannkuchen – das schmeckt wirklich klasse.

Bei uns wird der **Blattspinat** von März bis Mai geerntet. Oft wird er direkt schockgefrostet – das bedeutet, dass Lebensmittel blitzschnell eingefroren werden. So bleiben alle Nährstoffe im Gemüse enthalten. Und der Spinat landet in der Tiefkühltruhe im Supermarkt.

Tipp: Nimm anstatt der Äpfel im Apfelsaft-Rezept von Seite 24 ein Kilogramm frische Rhabarberstangen. Schneide sie in Stücke und koche sie mit 200 Gramm Zucker und Wasser auf. Dann mache weiter wie im Rezept angegeben. Fertig ist dein eigener Rhabarbersaft!

Der Sommer

Der kleine Drache Kokosnuss, Matilda und Oskar freuen sich immer besonders auf den Sommer – denn da haben Schülerinnen und Schüler die längsten Ferien. Selbst die Drachenlehrer Dr. Blumenkohl und Kornelius Kaktus ruhen sich aus und halten ihr Bäuche in die Sonne. Zum Sommer gehören die Monate **Juni**, **Juli** und **August**.

Viele Pflanzen tragen in der wärmsten Jahreszeit Blätter und Blüten. Deshalb sieht es im Sommer an vielen Orten grün und bunt aus. Die meisten Tierkinder sind größer oder haben genug Körpergewicht, sodass sie sich bald selbst versorgen können.

Früher hatten die Menschenkinder im Sommer längere **Ferien** als heute, weil sie den Erwachsenen bei der Ernte helfen mussten. Heute fahren die Menschen in den Urlaub oder nehmen sich frei, um das schöne Wetter zu genießen und tolle Sachen zu machen.

Wenn es im Sommer sehr heiß ist, schwitzen wir. Schweiß auf der Haut sorgt dafür, dass der Körper sich abkühlt. Das ist, wie wenn du dich nach dem Duschen nicht abtrocknest. Die Wassertröpfchen auf deiner Haut machen, dass es dir kalt wird.
Tiere haben eigene Tricks gegen die **Hitze**: Hunde, Katzen, aber auch Füchse und sogar Vögel hecheln. Dabei öffnen sie den Mund, strecken die Zunge heraus und atmen mit schnellen Stößen. So kann der Körper über die Zunge Wärme abgeben.
Bienen „summen" besonders laut: Damit es in ihrem Zuhause nicht zu heiß wird, lassen die kleinen Insekten ihre Flügel vibrieren. Der entstehende Luftzug kühlt den Bienenstock.

Reptilien begegnen Hitze ganz entspannt: Ihre Körpertemperatur wird von der Sonne reguliert. Nachts kühlt ihr Körper stark ab, morgens heizt ihn die Sonne wieder auf. Das heißt aber auch, dass sie sich bei Kälte nicht so schnell bewegen können wie bei Hitze.

Tipp: Wenn du ein Haustier hast, achte darauf, ihm an heißen Tagen besonders viel Wasser hinzustellen und es häufig zu wechseln. Durch die Hitze können sich im Wassernapf schnell krank machende Keime bilden. Für Vögel und Insekten sind Wasserstellen auf dem Balkon oder im Garten eine tolle Sache. Auch für Wildtiere wie die Igel kannst du eine kleine Schale mit Wasser rausstellen.

Die Sonne und ihre Uhr

„Puh, ist das eine Hitze!“, stöhnt Oskar und lässt sich in den heißen Sand plumpsen.

„Dann geh doch ins Wasser“, sagt Matilda, die mit einer eisgekühlten Apfelschorle unter einer Palme im Schatten sitzt. Gute Idee: Was für eine herrliche Erfrischung!

Im Sommer scheint die Sonne oft vom blauen Himmel. Wusstest du, dass sie kein **Planet**, sondern ein **Stern** ist? Weil sie der Erde näher ist als andere Sterne, sieht sie für uns viel größer aus. Das Licht braucht von der Sonne bis zu uns acht Minuten. Zur Sonne kann selbst Kokosnuss nicht reisen: Sie ist ein leuchtender, unglaublich heißer Ball, und alles, was in ihre Nähe käme, würde sofort verbrennen.

Tipp: Die Sonne ist für uns und unsere Gesundheit unglaublich wichtig. Ihre sogenannten UV-Strahlen können aber Haut und Augen schaden. Deshalb solltest du draußen in der Sonne Kleidung tragen, die deine Haut bedeckt, aber schön luftig ist. Die Hautstellen, die die Sonne trotzdem erreichen kann, müssen regelmäßig mit Sonnencreme eingerieben werden. Wenn du dann noch ein Käppi wie Kokosnuss und eine Sonnenbrille aufsetzt, kann nichts mehr schiefgehen – raus in den Sommer!

Selbst gebastelte Sonnenuhr

Die Sonnenuhr

Wenn die Sonne scheint, ist die perfekte Zeit, um eine Uhr zu basteln, für die du keine Batterie brauchst.

Das brauchst du:

- Papier und Stift
- Zirkel
- Geodreieck
- Holzspieß
- Schere
- Kork-Topfuntersetzer (aus dem Baumarkt oder Möbelhaus)

So geht's:

1. Hier brauchst du die Hilfe eines Erwachsenen: Zeichne mit dem Zirkel einen Kreis auf ein Blatt (Durchmesser 20 Zentimeter). Unterteile den Kreis in zwei gleich große Teile. Eine Hälfte wird nun in zwölf Abschnitte unterteilt. Die brauchen einen Winkel von 15 Grad. Dafür nehmt ihr das Geodreieck.
2. Beschrifte die Teile entsprechend der Vorlage auf der Seite 38.
3. Schneide den Kreis aus und lege ihn auf den Topfuntersetzer.
4. Pikse den Holzspieß durch die Mitte der Sonnenuhr in den Topfuntersetzer, sodass er senkrecht auf dem Ziffernblatt steht.
5. Gehe mit der Sonnenuhr in den Sonnenschein. Der Schattengeber, der sogenannte Polstab, zeigt die Tageszeit mihilfe des Schattens an, der durch das Sonnenlicht auf das Ziffernblatt fällt.
6. Lass dir bei der Ausrichtung der Sonnenuhr helfen: Der Schatten des Polstabes muss auf die 12-Uhr-Markierung zeigen, wenn die Sonne exakt im Süden steht. Wo Süden ist, findest du am besten mit einem Kompass heraus.

Ab ans Wasser!

Im Sommer sind alle gern am Meer, am See oder am Fluss. Kokosnuss und seine Freunde lieben es es, Steine zu flitschen, zu schwimmen, zu angeln. Und es ist wunderbar still. Aber hör mal genau hin, dann stellst du fest, dass es überall platscht, zirpt und schnattert. Denn Wasser ist Leben.
Die Lebewesen auf der Erde haben sich vor sehr langer Zeit im **Salzwasser** der Meere entwickelt. Über siebzig Prozent der Erde ist mit Wasser bedeckt! Unser Trinkwasser, das aus dem Boden kommt, ist **Süßwasser** – genau wie das in Flüssen, Bächen und Seen.

Frösche gehören zu den Amphibien und haben eine Wirbelsäule. Doch sie durchlaufen am Anfang ihres Lebens eine Verwandlung, die **Metamorphose** heißt. Aus den Froscheiern entwickeln sich **Kaulquappen**, die wie Fische über Kiemen atmen. Später wachsen ihnen Hinterbeine, dann Vorderbeine. Ein Jungfrosch hat noch den Schwanz der Kaulquappe, der sich dann zurückbildet. Nach und nach sieht dieses Lebewesen mehr wie ein Frosch aus. Wenn sie ausgewachsen sind, atmen sie wie wir Menschen mit ihren Lungen.

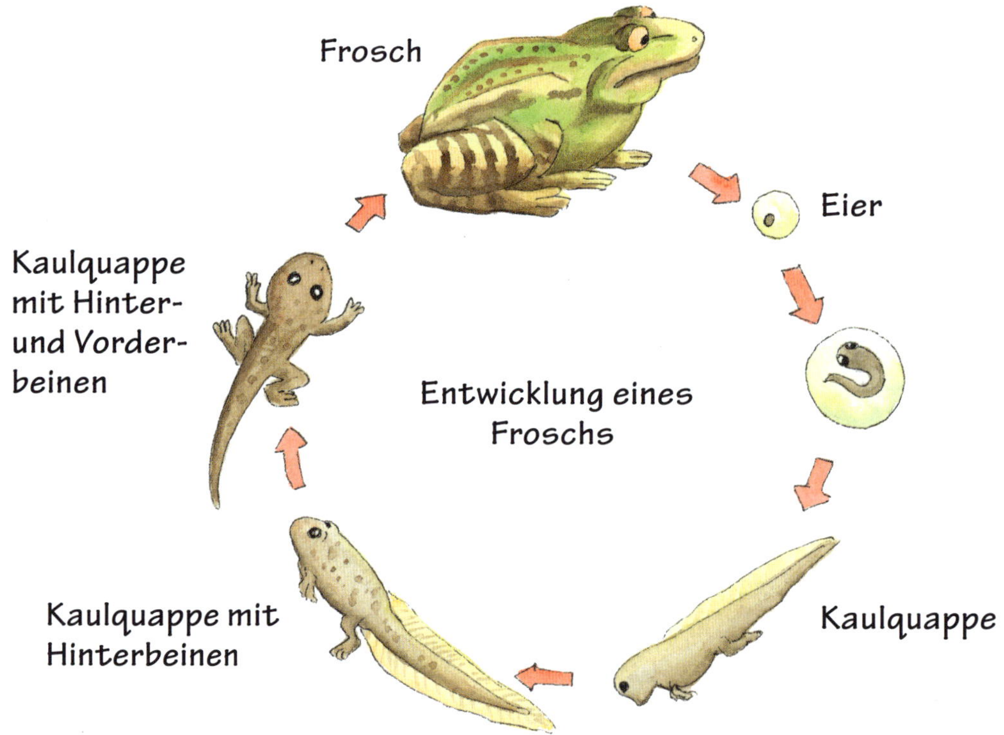

Info: Bestimmt hast du schon mal gesehen, wie Wasser vom Gefieder einer Ente abperlt – es ist, wie bei allen Wasservögeln, **wasserabweisend**. Die Vögel verteilen eine fetthaltige Flüssigkeit auf ihrem Federkleid. So schützen sie sich vor Feuchtigkeit, und zwischen ihren Federn kann sich Luft sammeln, sodass sie nicht untergehen.

Papa Magnus' magische Magnet-Angel

Kokosnuss und sein Vater gehen sehr oft miteinander zum Angeln. Dabei erzählt der kleine Feuerdrache seinem Papa von seinen Abenteuern. Doch Kokosnuss hat immer wieder den Verdacht, dass Magnus denkt, Kokosnuss habe das alles nur geträumt ... Heute wollen die beiden keine Fische fangen, sondern „Schätze" angeln.

Das brauchst du:

- geraden Stock
- Schnur
- Ringmagnet (etwa so groß wie eine 1-Euro-Münze)

So geht's:

1. Binde die Schnur am Stock fest und verknote den Magneten am Ende der Schnur. Dann ab damit ins Wasser.
2. Fische beißen an dieser Angel nicht an – aber du wirst dich wundern, was du so alles aus dem Wasser herausfischst.

Auf dem Feld

Staunend stehen Kokosnuss und seine Freunde an einem goldgelben Getreidefeld mit knallroten Tupfern. Im frühen Sommer blüht am Feldrand der wunderschöne rote Mohn und lädt Bienen und Hummeln zum Festmahl ein!

Der **Feldhamster** wohnt am liebsten im Kornfeld. Hier findet er viel Futter, und die hohen Halme bieten ihm Deckung vor Feinden. Wird sein Kornfeld abgeerntet, gibt's für ihn weder Deckung noch Nahrung. Er muss umziehen, und das ist nicht leicht. Wegen der modernen Landwirtschaft sind Feldhamster leider vom Aussterben bedroht.

Jede **Mohnblüte** des Klatschmohns blüht nur einen Tag lang und lässt abends die Blätter fallen. Aber schon am nächsten Morgen brechen viele neue Knospen auf. Ist eine Blüte verblüht, bleibt ihre grüne Samenkapsel stehen. Mit ihr lassen sich tolle Muster stempeln!

Mama Mettes Mohnstempel

Mit Stempeln aus Mohnkapseln verziert Mama Mette jedes Jahr die Einladungskarten zu Kokosnuss' Geburtstag.

Das brauchst du:

- einige Mohnkapseln am Feldrand sammeln
- kleine Schale zum Auffangen der Mohnsamen
- festes Papier zum Ausprobieren der Stempel
- Stempelkissen in verschiedenen Farben
- schönes Papier und Stifte zum Verzieren

So geht's:

1. Die Mohnkapseln ein paar Tage antrocknen lassen und dann gut ausschütteln, damit die kleinen braunen Samen herausfallen.
2. Eine Mohnkapsel mit ein paar Zentimetern Stiel abtrennen, vorne an der Kapsel anfassen, in die Stempelfarbe drücken und und zum Ausprobieren auf das Papier stempeln. Dabei vorsichtig hin und her bewegen und die Farbe gut verteilen. Nicht zu stark aufdrücken.
3. Wenn du ausprobiert hast, mit welcher Bewegung die einzelne Kapsel am besten stempelt (jede Kapsel macht ein anderes Muster), kannst du nun ein Muster auf schönes Papier stempeln und nach Lust und Laune verzieren.

So viele Beeren

Kokosnuss, Matilda und Oskar läuft das Wasser im Mund zusammen, und sie können sich gar nicht entscheiden, welche Früchte sie sich zuerst schnappen sollen: Im Sommer sind alle Beeren reif und leuchten in den allerschönsten Farben. Und Erdbeeren gibt's auch immer noch!

Himbeeren gibt es bis in den Herbst hinein. Sie sind ein bisschen pelzig und säuerlich, superlecker und vor allem sehr gesund, denn sie enthalten viele Nährstoffe und nur wenig Zucker.

Oskar zisselt sie gern von den Stielen: **Johannisbeeren** gibt's in Rot, Weiß oder Schwarz. Sie sind kleine Vitaminbomben und gehören zu dem Gesündesten, was Kokosnuss und seine Freunde in ihrem Garten angebaut haben.

„Du hast ja ganz blaue Zähne!", ruft Matilda. Kokosnuss grinst seine Freundin breit an: Er hat den Mund voller **Heidelbeeren**. Die kleinen Früchte sind sehr gesund. Da sie aber ziemlich druckempfindlich sind, isst der kleine Drache sie am liebsten direkt vom Strauch.

Auch die saftig-süßen dunklen **Brombeeren** können vor Krankheiten schützen. Man nennt sie nicht umsonst „Kratzbeeren": Sie sitzen an dornigen, bis zu zwei Meter hohen Sträuchern. Das gilt zumindest für die wild wachsenden Brombeeren.

Reife **Stachelbeeren** erkennst du an der gelblich-grünen Schale. Darauf solltest du achten, denn von unreifen Früchten gibt es Bauchweh. Stachelbeeren sind, genau wie die anderen Beeren, sehr gesund und enthalten viel Vitamin C, das wichtig für unseren Körper ist.

Info: Für alle Beeren gilt: Wasche sie vor dem Essen. Dabei solltest du vorsichtig sein, denn die Früchte sind druckempfindlich. Deshalb halte sie niemals direkt unter den Wasserstrahl. Gib sie lieber in ein Küchensieb und lege dieses in eine Schale mit kaltem Wasser. Schwenke das Sieb ein wenig hin und her, dann hebe es wieder heraus. Lass die Früchte abtropfen – und dann ab in den Mund!

Tipp: Schnapp dir ein paar Beeren und gib sie in eine Schüssel mit Quark. Dazu einen Teelöffel Honig, einen Esslöffel Haferflocken und einen Esslöffel Nüsse – fertig ist ein leckeres und gesundes Frühstück.

Tiere in der Sommernacht

Kokosnuss, Matilda und Oskar sitzen vor der Drachenhöhle und schauen in den sternenklaren Nachthimmel.
„Da, eine Sternschnuppe!", ruft Oskar aufgeregt. Dann runzelt er die Stirn. „Die saust zwischen den Gräsern hin und her."
Matilda lacht. „Das ist ja auch ein Glühwürmchen."

Glühwürmchen sind Leuchtkäfer. Tagsüber sieht man sie kaum, aber nachts strahlen die kleinen Tierchen um die Wette. Das Licht entsteht, wenn ein chemischer Stoff aus dem Körper der kleinen Käfer mit dem Sauerstoff der Luft in Berührung kommt.

Dass **Stechmücken** vom Licht angezogen werden, stimmt offenbar nicht. Sie kommen vor allem abends und nachts ins Haus, weil sie nachtaktiv sind. Der Körpergeruch von Menschen und auch ausgeatmete Luft ziehen sie an. Auch wenn sie uns ziemlich oft auf die Nerven gehen und ihre Stiche jucken – Mücken sind wichtig, weil sie anderen Tieren als Nahrung dienen.

Den Ruf vom **Waldkauz** erkennst du sofort. Seine Augen sind unbeweglich, aber dafür kann er seinen Kopf in fast alle Richtungen drehen. Dafür hat er vierzehn Halswirbel. Wir haben nur sieben.

Fledermäuse „sehen" mit den Ohren, fliegen mit den Händen und schlafen mit dem Kopf nach unten. Im Flug senden sie Töne aus, die wir nicht hören können, um Beute zu finden und um mit anderen Fledermäusen zu sprechen. Viele unserer Arten sind vom Aussterben bedroht.

Die Nachtwanderung

Ein Spaziergang in der Nacht ist anders als am Tag. Wenn es dunkel ist, sind Farben nicht richtig zu erkennen. Außerdem nimmt man alles ganz anders wahr. Es ist ein bisschen unheimlich, aber auch sehr spannend.

Das brauchst du:

- warme Kleidung
- feste Schuhe
- Taschenlampen
- Wasser, Tee und etwas zum Knabbern
- Freunde und eine erwachsene Begleitperson
- eine schöne Strecke, auf der du dich nicht verletzen kannst

Kleine Aufgaben für eine Nachtwanderung in der Natur:

1. Entdecke drei Tiere in der Nacht mithilfe deiner Augen.
2. Erkenne mithilfe deiner Ohren zwei Tiere an ihren Rufen oder Lauten.
3. Schleiche einige Minuten leise wie Einbrecher.
4. Erkenne einen Baum durch das Erfühlen seiner Rinde.

Auf der Sommerwiese

Kokosnuss, Matilda und Oskar liegen im hohen Gras auf einer Sommerwiese und schauen in den blauen Himmel. Oskar pfeift leise auf einem Grashalm. Auf den Blüten sitzen Schmetterlinge, Bienen und Hummeln. Zwischen den Blättern und Halmen krabbeln Marienkäfer herum. Im Gras hocken Heuschrecken, auf dem Boden flitzen Ameisen und Tausendfüßler an Schnecken vorbei. Unter der Erde buddeln Maulwürfe und wühlen Mäuse herum. Was für ein Gewusel!

Eine Wiese muss regelmäßig **gemäht** werden, sonst **verbuscht** sie: Vor allem Sträucher und schnell wachsende Bäume wie Ahorn, Birke und Esche wuchern die Wiese zu. Schafe, Ziegen und Kühe sind natürliche „Rasenmäher", die das Gras kurz halten. Durch ihr Grasen entstehen **Weiden**, auf denen auch Blumen und Kräuter wachsen.
Jede Wiese ist anders. Welche Pflanzen dort wachsen, hängt vom **Boden** und der **Feuchtigkeit** ab. Am schönsten findet Kokosnuss die Wiesen voller bunter Blumen. Die strahlenden Farben und der wunderbare Duft der Blüten locken Insekten an, die den süßen **Nektar** trinken und **Pollen** sammeln.

Info: Blumen auf einer Wiese sehen so schön aus, dass man sie gern pflücken und mit nach Hause nehmen möchte. Aber viele Pflanzenarten sind selten und daher streng geschützt. Von den Wildblumen, die zahlreich auf Wiesen wachsen, nimm nicht zu viele mit. Einen sogenannten „Handstrauß" darfst du aber pflücken und zu Hause in die Vase stellen.

Die Grashalm-Flöte

Das brauchst du:

- etwa 5 Zentimeter langen und möglichst breiten Grashalm
- deine Daumen

So geht's:

1. Lege deine Handflächen aneinander.
2. Klemme den Grashalm zwischen den Knöcheln der Daumen ein, sodass er straff gespannt ist. Achte darauf, dass in der Mitte ein Spalt entsteht.
3. Puste nun darauf. Der Grashalm vibriert und erzeugt ein Pfeifen. Das braucht ein wenig Übung. Bekommst du „Alle meine Entchen" hin?

Forscher-Lupen an Land und im Wasser

Kokosnuss, Matilda und Oskar nutzen die Sommerferien, um Ausflüge zu machen. Sie wandern in den Bergen der Dracheninsel, springen in den kühlen Badesee oder faulenzen am Strand. Und überall gibt es jede Menge Dinge zu entdecken und zu erforschen!

Matildas Becherlupe

Matilda möchte auf der Wiese ein paar Käfer oder Heuschrecken beobachten.

Das brauchst du:

- niedriges Einmachglas mit Deckel und einem nach innen gewölbten Boden
- etwas Moos oder Gras
- etwas Wasser
- kleines Insekt oder anderes Tierchen, das du beobachten willst

So geht's:

1. Lege etwas Gras oder Moos auf die Innenseite des Einmachglasdeckels.
2. Setze das Tierchen, das du beobachten möchtest, vorsichtig darauf.
3. Schraube das Glas auf dem Kopf stehend zu.
4. Bedecke den Glasboden (außen) mit ein wenig Wasser. Nun entsteht ein Lupeneffekt, und du kannst alles im Glas vergrößert anschauen. Achtung, das Glas nicht schütteln!
5. Nach der Untersuchung des Tierchens setze es vorsichtig wieder auf die gleiche Stelle, an der du es vorher gefunden hast.

Oskars Unterwasserlupe

Oskar interessiert sich besonders für das Leben unter der Wasseroberfläche.

Das brauchst du:

- leere Konservendose
- Dosenöffner
- Frischhaltefolie
- starkes Gummiband
- Klebeband

So geht's:

1. Wasche die Dose gut aus und entferne mit dem Dosenöffner Deckel und Boden. Lass dir dabei von einem Erwachsenen helfen. Dosenränder sind oft sehr scharf. Du könntest dich daran verletzen.
2. Lege ein Stück Frischhaltefolie über die obere Öffnung der Dose, sodass die Folie an allen Seiten etwa fünf Zentimeter übersteht.
3. Ziehe die Folie straff und stülpe ein Gummiband über die Dose.
4. Umwickle den Übergang von der Folie zur Dose mit Klebeband.
5. Halte die Dose mit der Folie nach unten ins Wasser. Das Wasser drückt die Folie ein bisschen nach innen, sodass du vergrößert siehst, was sich unter der Wasseroberfläche alles so tummelt.

Info: Lupen sind Vergrößerungsgläser. Sie verändern den Winkel, wie Licht auf einen Gegenstand fällt, und lassen Dinge dadurch größer erscheinen.

Spiele für den Sommer

Kokosnuss liebt den Sommer, weil es morgens so früh hell ist, und es abends erst spät dunkel wird. Dadurch gibt es viel mehr Zeit zum Spielen und um draußen Spaß zu haben!

Mit den Zehen Gras pflücken

Barfuß laufen kann jeder – aber auch mit den Zehen Grashalme pflücken? Stellt euch alle im Kreis auf und legt eine bestimmte Zeit fest. Auf Kommando pflückt nun jedes Kind mit den Zehen Grashalme und legt sie auf ein Papiertaschentuch. Wer am Ende der Zeit die meisten Halme gesammelt hat, hat gewonnen.

Kirschkernweitspucken

Ihr braucht eine Startlinie, Kirschen und ein Maßband. Esst alle eine Kirsche und behaltet den Kern im Mund. Stellt euch an die Startlinie. Von dort spuckt jeder seinen Kern so weit wie möglich. Wenn alle Kerne auf dem Boden liegen, messt ihr mit dem Maßband, wessen Stein am weitesten geflogen ist.

Naturfarben

Schnappt euch an einem warmen Sommertag ein paar Bögen Tonpapier in unterschiedlichen Farben, Klebeband, Klebstoff und einen kleinen Korb. Damit geht's auf Entdeckungstour in den Garten, Park oder Wald: Wählt einen der bunten Papierbögen aus und sucht Dinge in der Natur, die eine ähnliche Farbe haben. Zum Schluss klebt ihr alle „Fundstücke", die nicht krabbeln, kriechen, unter Naturschutz stehen oder giftig sind, auf das Papier. Keine lebenden Tiere! Ihr könnt eure Schätze auch mit nach Hause nehmen und erst dort nach Farben ordnen.

Dreibeinlaufen

Baut einen kleinen Slalomparcours aus Eimern, Stühlen, Hütchen und Ähnlichem auf dem Rasen auf. Ein Springseil auf dem Boden ist die Start- und Ziellinie. Nun bildet ihr Paare. Das rechte Bein des einen Kindes und das linke Bein des anderen bindet ihr mit einem Schal oder Tuch in Kniehöhe zusammen, sodass sich das Paar nur noch gemeinsam fortbewegen kann. Dann geht's los! Stoppt die Zeit: Welches Paar schafft die Strecke am schnellsten?

Naturmandalas

Geht aufmerksam durch die Natur und sammelt Dinge auf, die am Boden liegen. Aus Steinen, kleinen Stöcken, Zapfen, Blättern, heruntergefallenen Früchten und Blüten könnt ihr wunderbar ein Naturmandala legen. Beginnt in der Mitte und legt von innen nach außen. Macht das Ganze langsam und spürt dabei den Boden, die Luft und eure Umgebung. Das Mandala ist fertig, wenn ihr es schön findet. Es bleibt in der Natur zurück. Vielleicht macht jemand ein Foto von euch mit eurem Mandala zur Erinnerung. Toll sind auch Herbstmandalas mit bunten Blättern oder Muschelmandalas am Strand.

Obst und Gemüse im Sommer

Kokosnuss und seine Freunde freuen sich an heißen Sommertagen über etwas Erfrischendes zum Essen und Trinken. Deshalb machen sie oft Salate mit knackigem Sommergemüse. Oder sie schnippeln sich einen leckeren Obstsalat. Welches Gemüse magst du am liebsten?

Klein, rund und knackig oder groß, weich und saftig: **Tomaten** gibt es in verschiedenen Formen und Farben. Wir essen sie auf Brot, im Salat, als Nudelsoße, als Ketchup, auf Pizza – ohne Tomaten wären viele Gerichte langweilig! Sie sind nicht nur für unsere Augen durch ihr Vitamin A gesund, sondern schützen unsere Haut durch Carotinoide vor Sonnenschäden. Bewahre Tomaten nicht im Obstkorb auf: Obst und Gemüse, das danebenliegt, wird dann schnell matschig und ungenießbar. Das liegt daran, dass die Tomate das Gas Ethen verströmt – das ist ein Pflanzenstoff, der für die Reife sorgt.

Eine Sorte **Gurken**, die bei uns oft angebaut wird, heißt Schlangengurke. Gurken gehören zur Familie der Kürbisgewächse. Pflanzenkundler zählen sie zu den Beerenfrüchten. An einem heißen Sommertag sind Gurken unglaublich erfrischend.

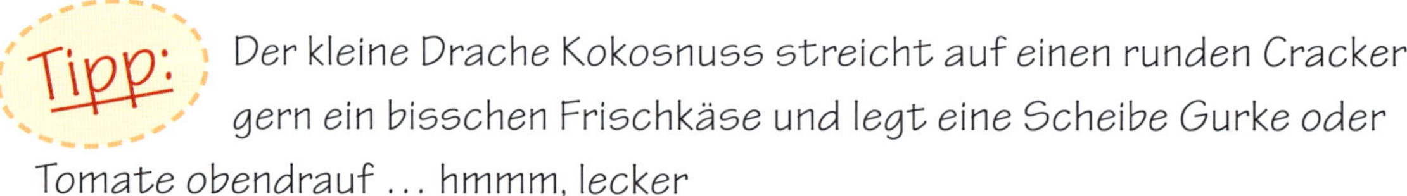

Tipp: Der kleine Drache Kokosnuss streicht auf einen runden Cracker gern ein bisschen Frischkäse und legt eine Scheibe Gurke oder Tomate obendrauf … hmmm, lecker

Im Juli und August werden die **Aprikosen** reif. Vielleicht kennst du sie auch als Marille oder Malete? Die Frucht mit der samtigen Schale kommt wahrscheinlich aus China und wurde dort schon vor 4000 Jahren angebaut. Aprikosen wachsen dort, wo es mild und sonnig ist. Am besten schmecken sie frisch – wenn du sie aufbewahrst, dann ist ein dunkler, kühler Ort geeignet.

„Das ist der Daumen, der schüttelt die **Pflaumen** …" Bestimmt kennst du den Reim. Dabei werden Pflaumenbäume gar nicht geschüttelt. Die Früchte werden direkt vom Ast gepflückt. Pflaumen sind süß, saftig und eher weich. Der Kern ist schwerer abzulösen als bei Zwetschgen – die Unterart der Pflaume ist kleiner und länglicher und schmeckt meistens süßsauer.

Tipp: Vieles, das wir im Supermarkt kaufen, wird im Anbau mit Giftstoffen (Pestiziden) behandelt, die Schädlinge abtöten. Deshalb solltest du Obst und Gemüse vor dem Essen immer gut waschen. Am besten kaufst du, wenn es geht, Lebensmittel aus ökologischer Landwirtschaft. Dort werden weniger Dünger und Pestizide eingesetzt. Und wenn der Hof in deiner Nähe ist, kannst du mit dem Fahrrad dorthin fahren.

Der Herbst

Den Herbst mag das Stachelschwein Matilda besonders gern. Zusammen mit Kokosnuss und Oskar streift sie durch den Wald und sucht nach Kastanien, Eicheln und Bucheckern zum Basteln. Oskar klaubt einen Arm voll Blätter vom Boden auf und wirft sie in die Luft. Schnell ist eine kunterbunte Herbstlaub-Blätterschlacht im vollen Gange.

Die Monate **September**, **Oktober** und **November** gehören zum Herbst. Die Zugvögel machen sich auf den Weg in ihre Winterquartiere. Pilze schießen aus dem Boden und überall gibt es riesige Kürbisse, leckere Äpfel und süße Weintrauben.
Auf den Bauernhöfen wartet im Herbst jede Menge Arbeit: Es ist Erntezeit – sehr viele Getreidesorten, Obst und Gemüse sind reif. Im Oktober feiern viele Menschen das **Erntedankfest**. Auch **Halloween** findet Ende Oktober statt. Gehst du auch verkleidet durch die Straßen, um Süßigkeiten zu sammeln?

Im Herbst färbt sich das Laub, aber auch einige **Herbstblüher** leuchten bunt, bevor der Winter die Farbe vertreibt. Am schönsten findet Kokosnuss die Sonnenblumen, die bis spät in den Herbst hinein auf den Feldern erstrahlen. In dieser Jahreszeit ist es manchmal noch sonnig und warm, aber es kann auch viel regnen und stürmen oder neblig sein. Windige Tage sind ideal, um einen Drachen steigen zu lassen.

Winterschläfer wie Igel, Murmeltiere, Siebenschläfer und Hamster fressen sich ein Fettpolster an. Eichhörnchen, Waschbär und Dachs halten nur **Winterruhe** und legen dafür in ihren Höhlen und Bauten fleißig Vorräte an.

Tipp: Für viele Tiere, besonders für Insekten, bietet am Boden liegendes Laub Schutz. Es wärmt und lässt den Waldboden nicht so schnell gefrieren. Frost bedeutet für viele Kleintiere und Käferlarven nämlich den Tod. Auch Igel verkriechen sich gern im Laub. Deshalb lieber nicht einfach so in einen Laubhaufen springen!

Wildtiere im Herbst

„Nanu? Der Hirsch war doch neulich noch rotbraun", wundert sich Oskar. „Und jetzt ist er graubraun. Das liegt am Herbst", erklärt Matilda. Viele Säugetiere und Vögel wechseln im Herbst und dann wieder im Frühling ihr Fell oder Gefieder und passen sich damit den Farben der jeweiligen Jahreszeit an, damit sie getarnt sind. Und auch sonst bereiten sie sich in den Herbstmonaten auf den nahenden Winter vor.

Der **Rothirsch** ist das größte heimische Wildtier. Sein Name kommt vom rotbraunen Fell, das er im Sommer trägt. Nach dem Fellwechsel im September und Oktober ist es graubraun. Das Winterfell ist doppelt so lang wie das Sommerhaar und darunter wächst zusätzlich noch Wollhaar – so sind die Hirsche vor Kälte gut geschützt. Auch das Geweih wechseln die männlichen Tiere einmal im Jahr. Sie werfen das alte Geweih ab und ein größeres wächst nach.

Eichhörnchen verstecken im Herbst Vorräte im Boden. Anders als andere Nager fressen sie sich keinen Speck an, sondern holen im Winter immer mal wieder Samen oder Nüsse aus den Verstecken. Leider vergessen die Eichhörnchen oft, wo sie was verbuddelt haben. Aber das ist gut für die Natur: Die nicht gefundenen Samen und Kerne keimen im Frühjahr, und es entstehen neue Pflanzen. Auch das Winterfell vom Eichhörnchen ist viel dichter und dunkler als das Sommerfell.

Den unverkennbaren Ruf vom **Waldkauz** kennt auf der Dracheninsel jedes Kind. Besonders im Herbst und Winter ist er viel zu hören: Dann sind die männlichen Käuze auf der Balz. Das heißt, sie suchen nach einem Weibchen für die Paarung. Hat sich ein Waldkauzpaar erst einmal gefunden, bleibt es ein Leben lang zusammen. Und auch wenn das Paar den kommenden Sommer nach der Aufzucht der Jungen an verschiedenen Orten verbringt – spätestens im Herbst ruft der Kauz dann wieder nach seinem Weibchen.

Um gut durch den Winter zu kommen, muss der **Igel** sich im Herbst ein ordentliches Gewicht anfressen, denn ab Oktober wird die Nahrung knapp. Spätestens bei längerem Bodenfrost sucht das Tier sein Winterquartier auf, in dem es einen langen Winterschlaf hält. Währenddessen kann der Igel seinen Herzschlag, die Atmung und die Körpertemperatur so weit herunterfahren, dass er nur noch wenig Energie verbraucht.

Info: Igel überwintern gern in Laubhaufen mit Reisigresten, aber auch in Hecken und Büschen. Deshalb helfen ihnen Gärten und Parks, die natürlich angelegt sind, und in denen der eine oder andere Laubhaufen liegen bleiben darf.

Pilze

Die Schülerinnen und Schüler der Drachenklasse sind mit ihrem Lehrer Dr. Bronco Blumenkohl im Wald unterwegs. Nach einem Herbstregen wachsen auf dem weichen und moosigen Boden Pilze. Zu jedem kann Dr. Blumenkohl etwas erzählen. Aber: Viele Pilze sind nicht nur ungenießbar, sondern auch giftig. Deshalb sammelt Kokosnuss nur mit einem Erwachsenen zusammen, der sich richtig gut auskennt – zum Beispiel mit Mama Mette.

Pilze sind **Lebewesen**, obwohl sie keine Pflanzen und keine Tiere sind. Anders als Pflanzen, brauchen sie kein Sonnenlicht zum Leben. Nahrung nehmen sie über ihre Oberfläche auf. Das, was du über dem Waldboden siehst, ist nur ein ganz kleiner Teil des Pilzes: Sie breiten sich unterirdisch in Geflechten aus weißen Fäden aus, manchmal über Kilometer hinweg.

Knallroter Hut mit weißen Punkten darauf – der **Fliegenpilz** sieht zwar hübsch aus, ist aber für Menschen und Tiere sehr giftig. Lass ihn immer dort stehen, wo du ihn entdeckst, und erfreue dich an seinem tollen Aussehen.

Der **Knollenblätterpilz** ist einer der giftigsten Pilze der Welt. Menschen verwechseln ihn oft mit dem essbaren **Wiesenchampignon**, und das ist sehr gefährlich. Unterscheiden kann man die beiden, lass aber lieber die Finger davon und kaufe Champignons auf dem Markt oder im Laden. Da kann nichts passieren!

Wenn der **Bovist** reif ist und du versehentlich drauftrittst, schießt er seine Sporen ab. Es gibt eine dunkle Staubwolke und ein lustiges Geräusch. Deshalb bedeutet Bovist auch so viel wie Fuchspups. Aber keine Sorge, der Pilz stinkt nicht.

Tipp: Das musst du beim Pilzesammeln beachten: Sammle nur mit einem Erwachsenen, der sich gut auskennt. Schneide die Pilze vorsichtig mit einem Messer ab. Lege sie nicht in eine Plastiktüte, sondern in einen Korb, in dem sie Luft bekommen. Nie rohe Pilze probieren. Viele Arten sind giftig, bevor sie gekocht sind.

Von Regenwürmern und Schnecken

„Blind, gehörlos, stumm und immer nur kriechen – bin ich froh, dass ich kein Regenwurm bin“, sagt Kokosnuss. „Und denkt nur mal an Schnecken – ständig auf der eigenen Schleimspur rutschen …“
„Ich finde Marienkäfer schön“, meint Oskar.
„Sie sehen vielleicht hübscher aus“, sagt Matilda. „Aber Regenwürmer und Schnecken sind sehr wichtig für die Natur!“

Der **Regenwurm** ist der beste Gärtner der Welt: Er gräbt die Erde um, frisst ununterbrochen altes Laub und düngt mit seinem nährstoffreichen Kot den Boden. Für Pflanzen lockert er die Erde auf und sorgt dafür, dass Regenwasser in den Boden eindringen kann und sich nicht auf dem Boden staut. Wenn es kalt wird, verziehen sich die Würmer unter die Erde und verfallen unter Steinen oder Baumstümpfen, wo es ein bisschen wärmer ist, in eine Ruhestarre. Dafür rollen sie sich wie ein Knäuel zusammen. Auch die kleinen Würmchen liegen in ihren Kokons – eine Art Eier, in denen sie sich entwickeln können – so tief im Boden, dass sie bis zum Frühling geschützt sind und dann in Ruhe schlüpfen können.

Schnecken und ihre Eier dienen vielen Tieren als Nahrung. Wenn wir Felder und Gärten anlegen, greifen wir in die Natur ein. Hier vermehren sich Schnecken schnell, weil sie ein Überangebot an Nahrung finden und keine natürlichen Feinde haben. Niemand mag die Schnecken, die im Garten den Salat anknabbern. Es gibt aber Schnecken wie die **Weinbergschnecke** oder den **Schnegel**, die sich von Pflanzenresten ernähren – und dadurch im Garten „aufräumen“.

Oskars Schneckenterrarium

Oskar findet Schnecken faszinierend und will genauer beobachten, wie sie leben.

Das brauchst du:

- sehr großes Einmachglas oder Terrarium aus Glas
- Frischhaltefolie
- Gummiband
- Gartenerde
- Obst- und Gemüseabfälle, welkes Laub, ein bisschen Moos
- Mit Flechten bewachsene Zweige von alten Bäumen oder Baumrinde
- kleine Schaufel
- ein oder zwei Schnecken

So geht's:

1. Fülle das Terrarium etwa zehn Zentimeter hoch mit Erde. Sie sollte feucht, aber nicht nass sein.
2. Darauf legst du Abfälle, Blätter und Moos.
3. Zweige oder Baumrinde dienen als „Turngeräte“ für die Schnecken.
4. Grabe im Garten, im Beet oder Wald vorsichtig mit einer kleinen Schaufel in der Erde und sieh auf Pflanzen nach. Wenn es geregnet hat, wirst du schnell ein paar Schnecken finden. Nimm die Schnecken vorsichtig mit der Schaufel hoch und setze sie in dein Terrarium.
5. Spanne die Frischhaltefolie über das Terrarium und befestige sie mit einem Gummiband. So bleiben die Schnecken im Terrarium. Steche kleine Luftlöcher in die Folie. Schnecken brauchen Sauerstoff!
6. Stelle das Terrarium an einen kühlen Ort, zum Beispiel in den Keller.
7. Wenn du die Schnecken zu Ende beobachtet hast, setze sie wieder in der Natur aus.

Ein Quartier für den Marienkäfer

Kokosnuss freut sich jedes Mal, wenn ein Marienkäfer zufällig auf seiner Hand landet – das soll ja Glück bringen!
Bei uns gibt es mehr als 70 verschiedene Marienkäferarten. Auf der ganzen Welt sind es sogar 4500 Arten. Es gibt sie in vielen Farben und Größen, mit vielen und wenigen Punkten.
Im Herbst kannst du viele der kleinen Glücksbringer auf Pflanzen, Balkonen, Geländern entdecken: Sie suchen ein Winterquartier. Manche ziehen in wärmere Länder, andere bleiben hier. Bei uns brauchen sie ein warmes und feuchtes Quartier (Dachbalken, Mauerritzen), in dem sie in einen Winterschlaf fallen können. Bei Temperaturen unter null Grad wird aus dem Schlaf bei vielen Arten sogar eine Winterstarre.

Das Leben der Marienkäfer beginnt in der wärmeren Jahreszeit: Zwischen Ende April und Anfang Mai werden Marienkäfer-Eier auf die Unterseite von Blättern abgelegt. Daraus schlüpfen dann bei der richtigen Temperatur und Luftfeuchtigkeit Marienkäfer-Larven. Die fressen zunächst ihre eigenen Eischalen, dann massenweise Blattläuse, weshalb sie im Garten besonders nützlich sind. Wenn ihre Haut zu eng wird, weil sie wachsen, häuten sie sich. Das machen sie drei- oder viermal. In dieser Zeit frisst jede Larve zwischen 400 und 600 Blattläuse. Dann hört die Larve auf zu fressen und klebt ihren Hinterleib mithilfe einer Körperflüssigkeit an ein Blatt oder einen Pflanzenstängel. Dort bleibt sie still sitzen und verwandelt sich in eine Puppe. Und nach einigen Tagen schlüpft der fast fertige Käfer – die Punkte sind erst nach ein paar Stunden zu sehen.

Die Zahl der Punkte hat nichts mit dem Alter des Marienkäfers zu tun, sondern mit der Familie innerhalb einer Art.

Tipp: Wenn du Marienkäfern beim Überwintern helfen willst, lass einen Laubhaufen im Garten liegen. Eine etwa 10 mal 10 Zentimeter große Holzkiste tut es auch. Sie braucht ein paar Einfluglöcher mit einem Durchmesser von etwa 8 Millimetern. Das Innere legst du mit Holzwolle oder Laub aus und stellst die Kiste erhöht in einem Balkonkasten oder Pflanzenkübel auf, am besten unter einem Dach, um die Insekten vor Regen zu schützen.

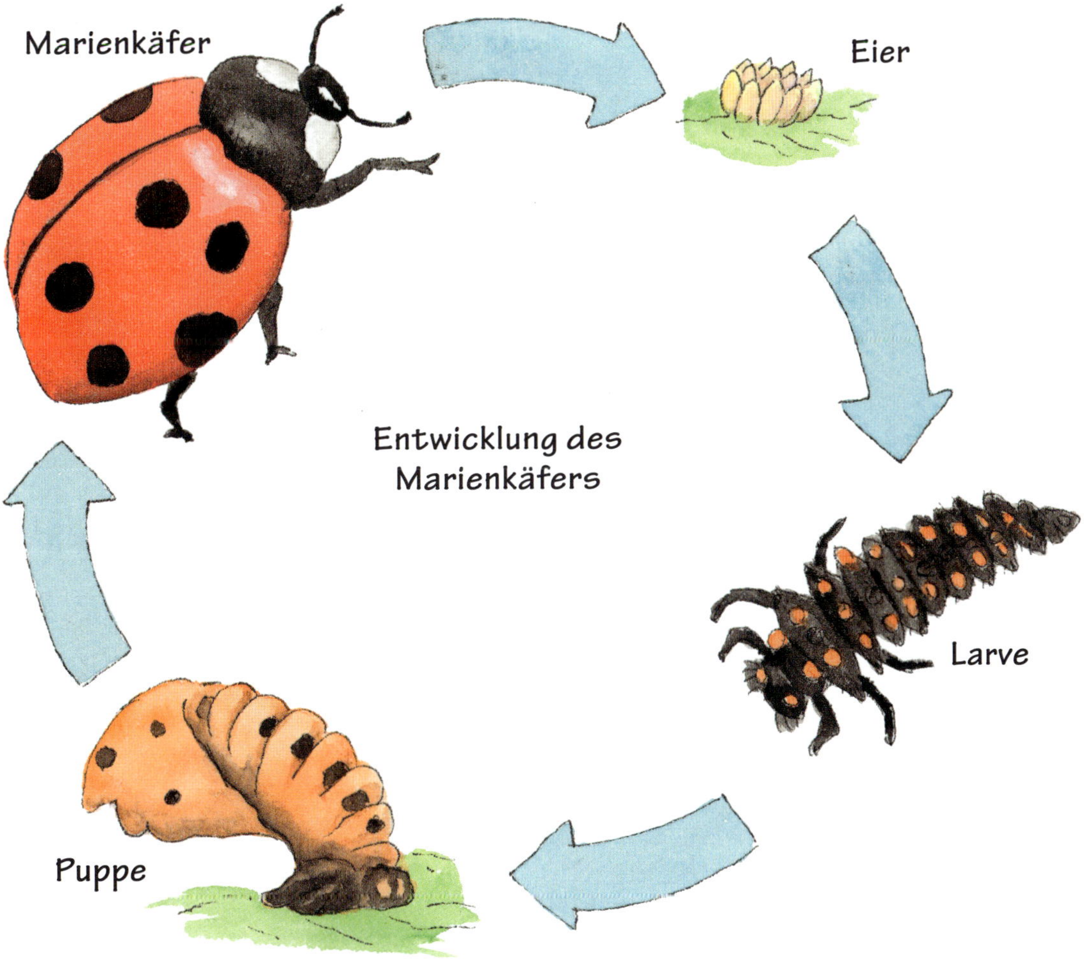

Marienkäfer

Eier

Entwicklung des Marienkäfers

Larve

Puppe

Nuss, Nuss, Kokosnuss

Der Herbst ist die beste Zeit, um tolle Sachen in der Natur zu sammeln, findet Kokosnuss. Wenn er mit Oskar und Matilda durch den Wald streift, stolpern sie fast über Kastanien, Eicheln und Bucheckern, so zahlreich liegen die Früchte auf dem Boden. Eine Nuss ist eine **Frucht**, deren Kern von einer harten und holzigen Schale umschlossen wird. Nüsse sind supergesund. Eine Hand voll Nüsse am Tag – ungesalzen und ungezuckert – gibt dir Energie und liefert deinem Körper wichtige **Vitamine** und **Mineralstoffe**. Die Kokosnuss, die sich mit dem kleinen Drachen den Namen teilt, ist übrigens gar keine Nuss, sondern eine Steinfrucht wie bei uns die Kirsche oder der Pfirsich.

Wenn du aufmerksam durch den Wald gehst, entdeckst du bestimmt **Haselnusssträucher**. Ab Anfang September kannst du die Sträucher schütteln – und schon fallen die reifen Nüsse herunter. Bereits in der Steinzeit haben sich Menschen von der leckeren Nuss ernährt. Auch Vögel, Mäuse, Eichhörnchen und Insekten sind Haselnuss-Fans.

An einem Walnussbaum solltest du nicht rütteln, denn es würden auch unreife Früchte herunterfallen, und die werden dadurch wertlos. Lieber die **Walnüsse** vom Boden aufsammeln. Entferne bei frischen Walnüssen die weiße Haut um die Frucht, die ist nämlich bitter. Walnüsse sind mit die gesündesten Nüsse von allen. Sie schützen sogar vor einigen Krankheiten.

Auch **Bucheckern** mit der eher weichen Schale enthalten wichtige Nährstoffe. Roh solltest du sie aber nicht essen, denn sie enthalten Oxalsäure und die ist in größeren Mengen giftig. Streue sie geröstet über dein Müsli oder über den Salat.

Esskastanien heißen auch Maronen. Sie wachsen an der Edelkastanie in mildem Klima in einer fest verschlossenen, stacheligen Schale heran. Erst im Oktober springt die Schale auf, und die Früchte fallen heraus. Die Kastanien, die du unter normalen Kastanienbäumen findest, kannst du leider nicht essen, aber Rehe und Hirsche freuen sich sehr darüber. Du kannst aus den Früchten jedoch viele schöne Sachen basteln.

Walnussschiffchen

Das brauchst du:

- leere Walnusshälften
- Knetmasse
- Zahnstocher
- bunte Blätter

So geht's:

1. Lass dir beim Knacken der Walnüsse helfen und nimm die Nüsse heraus.
2. Nimm etwas Knetmasse und forme ein kleines Kügelchen daraus. Dann drücke das Kügelchen in eine Walnusshälfte.
3. Suche im Garten ein schönes Blatt für das Segel aus. Es darf nicht zu groß sein, sonst kippt dein Schiff. Durchsteche das Blatt oben und unten mit dem Zahnstocher.
4. Stecke den Zahnstocher in die Knete, dann kann dein Walnussschiffchen in See stechen!

Bäume im Herbst

Der kleine Drache Kokosnuss und seine Freunde spielen unter Bäumen. Immer wieder segeln Blätter durch die Luft und fallen zu Boden. „Wie schade, dass sie im Herbst alle herunterfallen", findet Oskar. Kokosnuss überlegt. „Ist doch gut", sagt er. „Im Frühling beginnt der Kreislauf von vorne."

Bäume müssen im Winter mit weniger Licht, Wärme und Wasser auskommen. Deswegen beginnen sie im Herbst, **Wasser** und **Nährstoffe** zu sparen und in den Zweigen, im Stamm und in den Wurzeln einzulagern. Deshalb „verdursten" die Blätter, verfärben sich, werden trocken und fallen schließlich zu Boden. Aber keine Sorge: Im Frühling bilden sich neue.

Wenn die Blätter auf den Boden fallen und dort liegen, kommen kleine „Waldarbeiter" und räumen auf. Zu ihnen gehören vor allem **Pilze**, aber auch Käfer, Regenwürmer oder Asseln. Sie zerkleinern das Laub und durchmischen den Boden. Noch kleinere Tiere wie Springschwänze und Hornmilben helfen dabei. Sie alle arbeiten mit Pilzen zusammen, denn selbst in den Körpern der kleinen Lebewesen wohnen Pilze. Diese verdauen das Laub in ihrem Darm. Und von winzigen **Einzellern** und **Bakterien** wird die Erde weiter zersetzt. Dadurch entsteht **Humus**, ein nährstoffreicher Boden. Aus dem ziehen die Bäume und Pflanzen wieder ihre Energie, die sie zum Wachsen brauchen.

Während die **Laubbäume** im Herbst ihre Blätter verlieren, bleiben die meisten **Nadelbäume** grün. Ihre Nadeln sind kleiner, haben weniger Fläche als Blätter und brauchen deswegen weniger Wasser. So sind sie gut gegen Kälte geschützt. Für viele Tiere sind die Nadeln ungenießbar oder sogar giftig. Die Nadeln fallen teilweise viele Jahre nicht ab.

Kokosnuss' Waldhütte

Kokosnuss, Oskar und Matilda brauchen auf ihren Expeditionen immer wieder Schutzhütten, um eine Nacht in der Wildnis zu überstehen. Wenn du auch mal eine Hütte im Wald bauen willst, ist der Herbst die beste Zeit. Lade ein paar Freunde ein, zieh dir warme Kleidung und Gummistiefel an und los geht's!

Das brauchst du:

- Baum mit einer Astgabel in Stehhöhe
- langen Ast mit Astgabel
- langen stabilen Ast
- viele lange, gerade Äste
- viele Zweige und Laub

So geht's:

1. Suche dir einen Baum mit einer Astgabel. Die Astgabel sollte sich ein Stückchen über deinem Kopf befinden.
2. Ein Stück vom Baum entfernt steckst du den Ast mit der Astgabel kräftig in den Boden. Nun hast du schon zwei „Hüttenstangen".
3. Lege jetzt den längsten und geradesten Ast in die beiden Astgabeln. Das ist der höchste „Dachbalken" deiner Hütte.
4. Lehne nun die übrigen Äste zu beiden Seiten eng aneinander schräg an deinen Dachbalken an. Fertig sind die Wände.
5. Zum Schluss dichtest du die Wände mit kleinen Zweigen und Laub ab.

Stürme, Wolken und Gewitter

Kokosnuss, Matilda und Oskar haben ihre Regenjacken und ihre Gummistiefel angezogen, denn draußen hängen dicke, dunkle Wolken am Himmel. Es regnet und windet – so richtiges Herbstwetter eben!

Die Tiefdruckgebiete und Stürme haben oft lustige Namen wie Burglind, Herwart oder Quasimodo. Sie pusten uns um, oder wir müssen fest in die Fahrradpedale treten: Mit dem Herbst kommen die **Stürme**. Das liegt daran, dass es langsam vom Nordpol her kälter wird, während es am Meer und auf dem Kontinent noch warm ist. Die kalte Luft vom Norden und die warme Luft bei uns prallen aufeinander und drehen sich umeinander. Dabei „streiten" sie sich darum, wer mehr Platz bekommt. So entsteht der Sturm. Einzelne starke Windstöße nennen wir **Böen**. Die sind oft kurz und heftig und können dich umwerfen. Wenn vor „stürmische Böen" oder „Orkanböen" gewarnt wird, solltest du lieber im Haus bleiben.
Besonders im Herbst hängen **Wolken** tief am Himmel. Wusstest du, dass sie für uns extrem wichtig sind? Wolken regeln den Wasserhaushalt auf der ganzen Welt, denn sie speichern verdunstetes Wasser aus Flüssen, Seen und Weltmeeren, tragen es weiter und verteilen es schließlich als Regen überall. Hohe Wolken sind am Himmel in bis zu 13 Kilometern Höhe, tiefe Wolken hängen etwa zwei Kilometer über deinem Kopf.
Es gibt verschiedene Wolkenarten, die uns sagen können, wie das Wetter wird. Wolken, die an Federn erinnern, heißen **Cirrus-Wolken**. Sie kündigen häufig schlechtes Wetter an.
Wie ein dünner Schleier ziehen sie sich über den Himmel: die **Zirrostratus-** oder Schleierwolken bringen meistens Regen.
Die flauschigen „Schäfchenwolken" heißen **Altocumuli**. Da bleibt das Wetter in der Regel so, wie es ist.
Graue, sehr dunkle Wolkenschichten werden **Nimbostrati** genannt.

Und in Schönwetter-Wolken namens **Cumuli** kannst du alle möglichen Gestalten und Dinge entdecken: große Drachen, fantastische Wesen, Türme, Burgen, Bären, Hasen, Obst und Gemüse … Vielleicht hast du in einer Wolke schon mal den Drachen Kokosnuss gesehen?

Und wie entsteht eine Gewitterwolke? Feuchte Luft über der Erde wird von der Sonne erwärmt und steigt nach oben. Dabei kühlt sie sich langsam ab. Es bildet sich Wasserdampf. Das ist wie beim Duschen im Badezimmer. Aus dem Wasserdampf wird die Wolke. Die türmt sich weiter auf, und in ihr entsteht eine gewaltige elektrische Spannung, die sich in Blitzen entlädt. Die heiße Luft in den Blitzen dehnt sich explosionsartig aus. Und das hörst du als lautes Donnergeräusch. Aus dem Wasserdampf in den Wolken werden Tropfen, die als Regen oder Hagel während des Gewitters auf die Erde prasseln.

Tipp: Der Blitz schlägt immer am höchsten Punkt ein. Deswegen solltest du dich bei Gewitter nie unter einen Baum stellen oder Fahrrad fahren. Du darfst auch auf keinen Fall in einem See schwimmen, denn Wasser leitet Elektrizität hervorragend weiter, sodass du auch weit entfernt von einer Einschlagstelle einen Stromschlag bekommen und ertrinken könntest. Bei Sturm bleibst du am besten zu Hause. Solltest du von einem Gewitter überrascht werden, hocke dich hin und mach dich möglichst klein, und zwar ohne Schirm.

Das Kartoffellabyrinth

Der Drache Kokosnuss soll für Mama Mette Kartoffeln besorgen. „Festkochend, mittelfest oder mehlig?“, fragt die Verkäuferin. „Keine Ahnung“, antwortet Kokosnuss. „Aber Mama macht daraus Kartoffelbrei.“ Die Verkäuferin nickt. „Dann nimmst du mehlige Kartoffeln.“

Kartoffeln schmecken und sind sehr gesund – kein Wunder, dass es bei uns etwa **140 verschiedene Sorten** gibt. Eigentlich stammt die Kartoffel aus den hohen Bergen der **Anden** in Südamerika. Sie wurde dort schon vor mehreren 1000 Jahren angebaut. Für die Völker der Inka war die Kartoffel **Grundnahrungsmittel**, weil das Klima und die Höhe im Gebirge der knubbeligen Knolle nichts ausmachte, während andere Gemüsesorten durch Frost, Wind und Sonne kaputtgingen.
Immer noch sind Kartoffeln auf der ganzen Welt neben Reis, Mais und Weizen ein wichtiges Grundnahrungsmittel. Es gibt sie in vielen verschiedenen Formen und Farben wie Lila, Rosa, Blau, Braun, Rot und Gelb. In manchen Regionen heißt die Kartoffel auch **Erdapfel**.

Info: *Kartoffeln gehören – wie auch Tomaten – zu den Nachtschattengewächsen. Grüne oder gekeimte Kartoffeln solltest du nicht essen, denn sie enthalten das Gift Solanin. Davon gibt's Übelkeit, Bauchweh und Fieber.*

Das Kartoffellabyrinth

Mit diesem Experiment wollen Kokosnuss, Matilda und Oskar beweisen, dass Kartoffeln (und natürlich auch andere Pflanzen) zum Wachsen Licht brauchen. Mach doch mit!

Das brauchst du:

- Kartoffel
- Schuhkarton mit Deckel
- Alufolie
- Klebeband
- Schere
- Erde und Wasser
- Lineal
- Pappstreifen

So geht's:

1. Nimm einen Schuhkarton und lege den Deckel zur Seite. In diesen Schuhkarton baust du dein Labyrinth.
2. Dafür schneidest du vier Pappstreifen zurecht, die so hoch sind wie der Karton, aber etwa 5 Zentimeter kürzer als die Breite des Kartons.
3. Klebe die Pappstreifen einmal links und einmal rechts so in den Karton, dass zwischen ihnen etwa 10 Zentimeter Platz ist und sich einmal links und einmal rechts eine Lücke zur Schuhkarton-Wand ergibt.
4. Stelle den Karton aufrecht hin und schneide in eine der schmalen Kartonwände oben eine Öffnung (Durchmesser 5 cm) hinein.
5. Forme aus der Alufolie eine Schale, fülle sie mit Erde, lege die Kartoffel hinein und befeuchte sie mit Wasser.
6. Stelle das Schälchen in den Karton und klebe es fest. Die Kartoffel liegt jetzt gegenüber der Seite mit dem Loch.
7. Schließe den Karton mit dem Deckel, sodass nur noch durch die aufgeschnittene Öffnung Licht eindringt.
8. Stelle den Karton an ein Fenster und warte einige Tage. Der Trieb der Kartoffel, aus dem eine Kartoffelpflanze werden kann, schlängelt sich ihren Weg hin und her durch das Labyrinth zur Öffnung und damit zum Licht!

Spiele für den Herbst

Kokosnuss und seine Freunde hüpfen gern mit Gummistiefeln in Regenpfützen oder strecken die Arme zur Seite, schauen in den Himmel und drehen sich wie kleine Wirbelwinde im Kreis. Der Herbst ist eine herrliche Jahreszeit für Spiele im Freien!

Blätter raten

Sammelt Blätter von verschiedenen Bäumen oder Sträuchern und legt sie in einen Korb. Der Korb wird abgedeckt, dann zieht jedes Kind ein Blatt heraus und legt es vor sich. Auf ein Startsignal sucht ihr in zwei Minuten die Pflanze auf, von der das Blatt stammt. Für jedes richtig zugeordnete Blatt gibt es einen Punkt. Vorher macht ihr aus, wie viele Runden gespielt werden. Siegerin oder Sieger ist, wer am Ende die meisten Punkte hat.

Bei schlechtem Wetter könnt ihr im Haus **Obstsalat** spielen. Alle sitzen auf Stühlen. Dabei ist jeder eine Obstsorte. Bei sechs Kindern gibt es zum Beispiel zwei Äpfel, zwei Kirschen und zwei Birnen. Der Spielleiter oder die Spielleiterin ruft nun: „Äpfel und Birnen!“ Jetzt müssen die genannten Obstsorten die Plätze tauschen, und das möglichst schnell. Wer zuletzt auf einem Stuhl sitzt, scheidet aus. So werden immer wieder Obstsorten aufgerufen. Bei dem Ausruf „Obstsalat!“ müssen sich alle Kinder gleichzeitig einen neuen Platz suchen.

Beim **Zapfenwerfen** bekommt jeder fünf Tannenzapfen. Alle stellen sich fünf große Schritte von einem Baum entfernt auf und zielen mit den Tannenzapfen auf den Stamm. Wer landet die meisten Treffer?

Pfützenforscher

Pfützen sind die kleinsten Gewässer – und trotzdem kann in ihnen das Leben toben. Im Wald, am Feldrand oder auf Wiesen steht das Wasser manchmal wochenlang. Entdeckst du solch große Pfützen, schnapp dir deine Lupen von Seite 50! Wenige Stunden nach dem Entstehen einer Pfütze leben hier winzige Einzeller. Einige Tage später erkennst du Flohkrebse und Insektenlarven. In größeren Pfützen laichen sogar Gelbbauchunken und Kreuzkröten, denn hier hat ihr Nachwuchs keine Fressfeinde, und das Wasser wärmt sich schnell auf, wenn die Sonne scheint. So wird die Pfütze zum „Brutkasten" für die kleinen Amphibien.

Für das **Bootsrennen** braucht ihr eine große Pfütze. Jeder Mitspieler erhält ein Blatt Papier und faltet daraus ein Boot. Sind alle fertig, werden die Boote am Rand der Pfütze ins Wasser gelassen. Die Aufgabe besteht nun darin, durch Pusten das eigene Boot möglichst schnell auf die andere Seite der Pfütze zu bekommen. Wer zuerst drüben ist, hat gewonnen.

Obst und Gemüse im Herbst

Im Sommer ist ganz viel Obst und Gemüse reif. Aber auch im Herbst gibt es richtig leckere Sachen, die bei Kokosnuss, Matilda und Oskar auf den Tellern landen!

Äpfel gibt es bei uns das ganze Jahr über. Aber die meisten Äpfel, die du im Frühling und Sommer isst, wurden gelagert und gekühlt. Das bedeutet: Nur im Herbst kommen sie frisch vom Baum! Diese Früchte heißen „Neue Ernte“. Halte beim Apfelkauf danach Ausschau, denn das sind meist die leckersten Äpfel überhaupt.

Es ist *das* Herbstgemüse: In den Monaten September und Oktober leuchten überall riesige orangefarbene **Kürbisse**. Es gibt viele verschiedene Arten in den unterschiedlichsten Formen und Farben. Kürbisse sind sehr gesund, denn sie enthalten viele Vitamine und Mineralstoffe, die wichtig für deine Gesundheit sind. Die kleinen Zierkürbisse sind jedoch giftig und nur dazu da, die Häuser und Wohnungen zu schmücken.
Und zu Halloween machen Kürbisse besonders viel Spaß. Denn dann kannst du nicht nur eine Kürbissuppe essen, sondern aus den ausgehöhlten Kürbissen gruselige Fratzen schnitzen. Diese Kürbisköpfe stellst du im Garten auf und beleuchtest sie am Abend mit einem Teelicht.

Möhren sind nicht nur wahnsinnig gesund, sondern auch sehr beliebt: Fast sieben Kilo Karotten isst ein Drache auf der Dracheninsel und auch bei uns jeder Mensch pro Jahr. In den Möhren ist ganz viel Betakarotin, das besonders wichtig für unsere Augen ist.

Mama Mettes Kürbissuppe

Wenn Kokosnuss mit seinen Freunden vom Spielen nach Hause kommt, hat Mama Mette oft schon eine wärmende Kürbissuppe auf dem Herd. Und in Gesellschaft von Freunden schmeckt sie besonders gut.

Das brauchst du für 4 hungrige Drachen:

- etwa 1 Kilo Hokkaido-Kürbis (gewürfelt)
- 3 Möhren (gewürfelt)
- 1 Zwiebel (gewürfelt)
- 150 ml Kokosmilch
- 750 ml Gemüsebrühe
- etwas Zimt
- eine Handvoll Kürbiskerne
- Olivenöl
- großen Topf
- Pürierstab

So geht's:

1. Lass dir beim Würfeln von Kürbis, Möhren und Zwiebeln von einem Erwachsenen helfen.
2. Erhitze mit der Hilfe eines Erwachsenen das Olivenöl in einem großen Topf.
3. Gebt Zwiebeln, Kürbis und Möhren hinein und bratet das Gemüse kurz an.
4. Mit Brühe ablöschen und 20 Minuten köcheln lassen.
5. Kokosmilch und etwas Zimt hinzugeben, dann pürieren.
6. Kürbiskerne drüberstreuen – fertig!

Der Winter

Wäre seine Nase nicht schon rot, würde sie es spätestens im Winter werden, wenn der kleine Drache Kokosnuss mit Matilda und Oskar dick eingemummelt durch die verschneite Landschaft stapft. Die Freunde bauen lustige Schneedrachen, schlittern über den zugefrorenen See und wärmen sich danach am Feuer in der Drachenhöhle mit einem heißen Kakao wieder auf. Kokosnuss liebt den Winter!

Zum Winter gehören die Monate **Dezember**, **Januar** und **Februar**. Der Dezember ist der zwölfte und letzte Monat im Jahr. An seinem letzten Tag, dem 31.12., feiern wir **Silvester**. Und um Mitternacht beginnt das neue Jahr.

Für Sternforscher beginnt der Winter mit der **Wintersonnenwende**. Das bedeutet, dass die Sonne an diesem Tag am kürzesten im Jahr scheint. Bei uns ist das am 21. oder 22. Dezember. Danach werden die Tage wieder länger.

Nikolaus, **Advent**, **Weihnachten**, **Silvester** – der Dezember ist ein Monat mit ganz vielen Festen. Für den kleinen Drachen Kokosnuss, der von Mama Mette jedes Jahr einen selbst gemachten Adventskalender bekommt, ist jeder Tag ein Fest, denn vom 1. bis zum 24.12. darf er täglich ein kleines Geschenk auspacken!

Eis und Schnee entstehen, wenn es im Winter sehr kalt ist. Beides besteht aus gefrorenem Wasser. Wenn die Wassertropfen in den Wolken gefrieren, entstehen sechseckige **Kristalle**, die sich verbinden und als Schneeflocken zu Boden fallen. Damit der Schnee liegen bleibt, muss es mindestens null Grad Celsius sein. Meistens schneit es im Winter. Manchmal kommt es aber vor, dass noch Schnee im März oder April fällt.

Echte **Winterschläfer** wie Fledermäuse, Siebenschläfer, Hamster oder Murmeltiere leben von den Speckreserven, die sie sich im Herbst angefuttert haben. Während ihres Winterschlafes fressen sie gar nichts. Das können sie, weil ihre Körpertemperatur stark absinkt. Ihr Herzschlag wird ganz langsam. Dadurch verbrauchen sie nur wenig Energie. Sie wechseln nur ab und zu ihre Schlafposition.

Tricks gegen Kälte

Manchmal ist es im Winter so kalt, dass Matilda, Oskar und Kokosnuss sich den Sommer zurückwünschen. Aber Opa Jörgen hat einen Trick gegen die Kälte: Er zieht viele dünnere Kleidungsschichten übereinander an – wie eine Zwiebel! Zwischen den Kleidungsstücken staut sich dann die Körperwärme und bildet eine Schicht, die dafür sorgt, dass Opa Jörgen nicht friert. Außerdem trägt er immer eine Mütze, denn im Gesicht und auf der Kopfhaut sitzen viele empfindliche Nervenenden, durch die man die Kälte besonders spürt. Außerdem verliert man über den Kopf viel Wärme.

Tiere und Pflanzen haben besondere Tricks, um sich im Winter zu schützen. Frühblüher wie Narzissen, Krokusse und Tulpen können nur überwintern, weil sie alle Nährstoffe, die sie im Frühling brauchen, über den Winter in ihren **Wurzelknollen** unter der Erde speichern. Wenn die Sonne die Erde wieder erwärmt, wächst aus der Knolle ein neuer Keimling.

Bei vielen Blumen wie Sonnenblumen, Kornblumen oder Ringelblumen überleben nur die Nachkommen, also die **Samen**. Sie fallen nach der Blüte auf die Erde und müssen dort den Winter überstehen. Das schaffen sie, weil sie hart sind und kaum Wasser enthalten – so kann ihnen der Frost nichts anhaben. Im Frühjahr treiben sie aus, und es entstehen neue Blumen. Manche südländische Pflanzen und Samen sind allerdings nicht winterhart.

Bäume und Büsche benutzen den **Zucker**, den sie zwischen Frühling und Herbst mithilfe von Licht in ihren Blättern produziert haben, als Frostschutz. Bevor ein Baum seine Blätter im Herbst abwirft, entzieht er ihnen alle Nährstoffe und lagert sie ein. Darin enthalten ist auch der Zucker. Und der hindert das Wasser im Baum daran zu gefrieren. Außerdem befindet sich zwischen Rinde und Stamm kein Wasser, das gefrieren könnte. Hier sitzen nämlich viele kleine **Luftpolster**. Diese Polster sind für den Stamm wie eine Daunenjacke, die ihn vor Kälte schützt.

Fische, Amphibien, Reptilien und Insekten sind **wechselwarme Tiere**. Das heißt, dass sich ihre Körpertemperatur der Umgebung anpasst: Ist es draußen warm, wird auch ihr Körper warm, ist es kalt, fällt die Körpertemperatur dieser Tiere. Viele von ihnen fallen im Winter in eine **Kältestarre**. Herzschlag und Atmung sind ganz langsam, so wie bei den Tieren, die Winterschlaf halten. Im Unterschied zu diesen können Schlangen, Eidechsen, Frösche, Schnecken und viele Insekten und Fische in der Kältestarre aber auch Temperaturen unter dem Gefrierpunkt aushalten. Eine Art „Frostschutzmittel" hält ihr Blut flüssig.

Tierspuren in Gips

Bestimmt hast du schon einmal Tierspuren im Schnee, auf Sand oder auf weicher Erde entdeckt. Hier siehst du verschiedene Fährten. Findest du auch die Spur vom kleinen Drachen Kokosnuss?

Der Fuchs ist ein Sohlengänger. Vögel stehen auf vier Zehen. Rehe und Wildschweine laufen auf den Hufen.

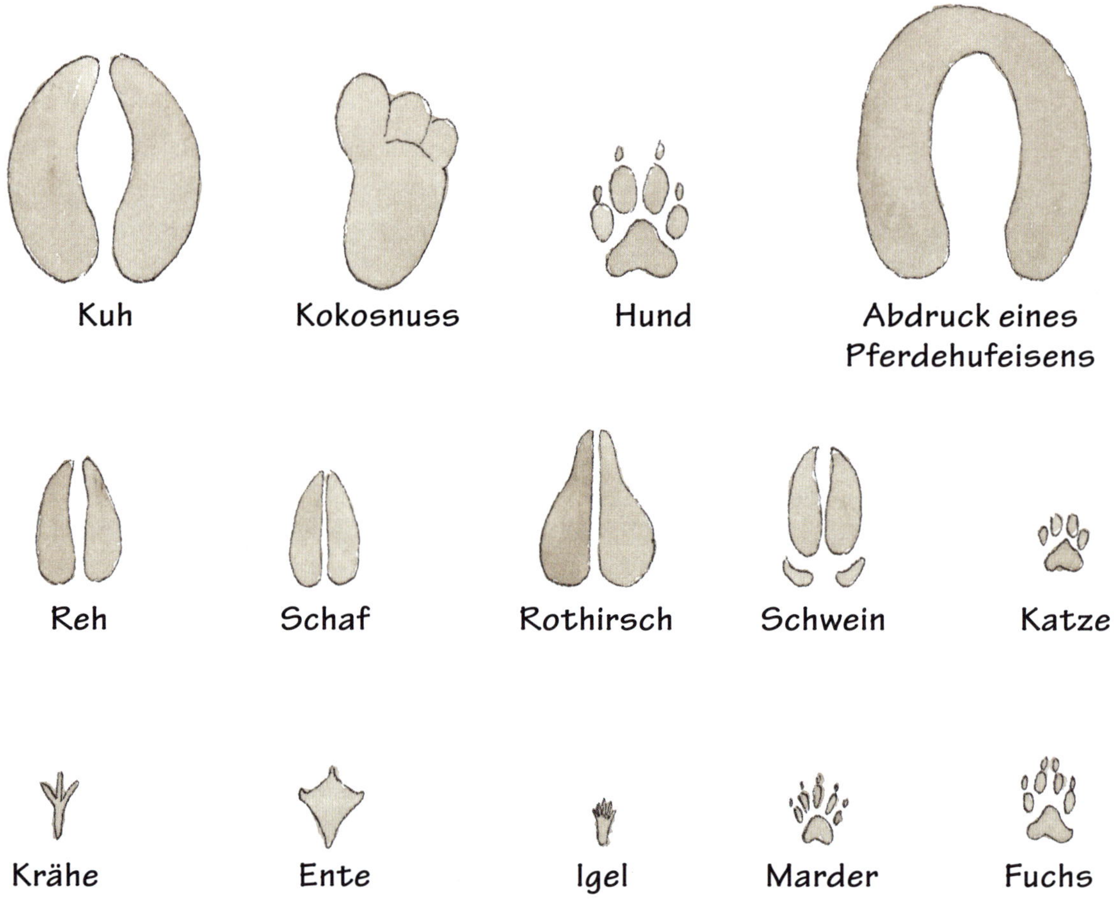

Kuh | Kokosnuss | Hund | Abdruck eines Pferdehufeisens

Reh | Schaf | Rothirsch | Schwein | Katze

Krähe | Ente | Igel | Marder | Fuchs

Hier kannst du Tierspuren in Gips gießen und so haltbar machen. Die gleiche Technik wenden übrigens auch Detektive an, wenn sie die Abdrücke von Schuhsohlen oder das Profil von Autoreifen festhalten wollen.

Das brauchst du:

- etwa 500 Gramm Gips aus dem Baumarkt (weiß, schnell härtend)
- große Joghurt- oder Margarinebecher (leer und ausgewaschen)
- Stock, um den Gips zu rühren
- weitere kleine Joghurtbecher
- etwas Wasser, abgefüllt in einer Trinkflasche
- Pfannenwender
- Tüte für Reste und Müll
- Pinsel oder alte Zahnbürste

So geht's:

1. Schneide aus dem kleinen Joghurtbecher einen etwa 5 Zentimeter breiten Ring.
2. Hast du einen guten Abdruck gefunden, setze den Ring darauf und drücke ihn leicht in den Boden.
3. Gib das Gipspulver in den anderen Becher und füge etwas Wasser hinzu. Rühre mit dem Stäbchen, bis keine Klümpchen mehr da sind. Gib noch etwas Wasser hinzu, bis der Gips dickflüssig wie ein Pfannkuchenteig ist.
4. Gieße den Gips in den Becher, der den Abdruck wie ein Ring umgibt. Der Gips sollte etwa 2 bis 3 Zentimeter hoch gegossen werden.
5. Nun warte, bis der Gips fest ist. Das dauert etwa 20 Minuten.
6. Löse den harten Gips vorsichtig mit dem Pfannenwender vom Untergrund und packe ihn ein. Falls noch Erde daran klebt, macht das nichts.
7. Säubere den Abdruck zu Hause mit einer alten Zahnbürste oder einem Pinsel. Fertig ist dein Tierabdruck! Wenn du Lust hast, male ihn noch an.

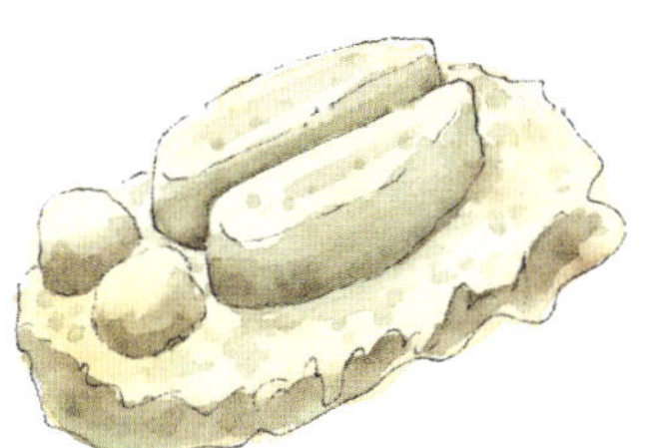

Gipsabdruck einer Wildschwein-Spur

Viel zu warm?

Richtig kalte Winter sind in den letzten Jahren selten geworden. Das liegt am Klimawandel auf der Erde. Aber was heißt das für uns und die Natur?

Klima bedeutet, wie warm oder kalt, nass oder trocken es langfristig in einer Gegend ist. Das Klima bestimmt, welche Pflanzen und Tiere in einer Region leben: Eisbären können nur am Nordpol, und viele Pinguinarten nur am Südpol wohnen, denn sie brauchen die Kälte. In der Wüste, wo es tagsüber sehr heiß ist und in der Nacht sehr kalt, muss ein Kamel das aushalten können. Außerdem kann es wochenlang ohne Wasser überleben. Bei uns nennt man das Klima „**gemäßigt**".
Das Klima auf der Erde hat sich im Laufe der Zeit immer wieder geändert – allerdings noch nie so schnell. Und noch nie war der Mensch dafür verantwortlich. Denn es sind vor allem die **Gase in der Luft**, die das Klima beeinflussen. Die kommen von den Autos, Flugzeugen, Fabriken. Vom Bau von Städten und dem Transport von Kleidung und Lebensmitteln über weite Strecken. Von Kühen, die umweltschädliches **Methan** in die Luft pupsen. Vom Verbrennen von **Holz**, **Erdöl**, **Erdgas** und **Kohle**, weil wir unsere Wohnungen heizen wollen. Und von vielen Dingen mehr.
Forscher gehen davon aus, dass die Temperatur auf der Erde in den nächsten hundert Jahren um **zwei bis viereinhalb Grad** steigt, wenn wir nichts dagegen tun. Die Gletscher an den Polen könnten schmelzen, und der Meeresspiegel um einen halben Meter ansteigen. Das Meer wird dann Küstenstädte und Inseln überschwemmen. Viele Tiere und Pflanzen werden aussterben. Menschen verlieren ihren Lebensraum. Mit mehr Umweltschutz versuchen Politikerinnen und Politiker den Klimawandel zu verhindern. Aber auch du kannst dabei helfen.

Wenn du der Umwelt helfen willst …

So geht's:

- Aus Müll kann man neue Sachen herstellen. Das geht aber nur, wenn du wiederverwertbaren Müll sammelst und sortierst. Am besten kaufst du Dinge mit möglichst wenig Verpackung und verwendest Gläser, Papier und Dosen mehrfach.
- Laufe zu Fuß, wann immer es geht. Fahre Fahrrad, mit der U-Bahn oder Straßenbahn. Für längere Strecken kannst du den Zug benutzen.
- Manche tolle Ziele sind nur mit dem Flugzeug zu erreichen. Beim Fliegen wird viel schädliches Gas, das CO_2 heißt, ausgestoßen. Du kannst einer Organisation Geld für die Menge an CO_2 zahlen, die du durch den Flug produzierst. Diese Organisation nimmt das Geld und benutzt es für Projekte, die dem Klima helfen. Sie pflanzt zum Beispiel Bäume.
- Wenn es dir im Haus zu kühl ist, ziehe einen Pullover an, statt die Heizung hochzudrehen.
- Hilf Tieren mit Insektenhotels, Nistkästen, Wildblumen und den vielen anderen Dingen, die du in diesem Buch findest.

Spiele für den Winter

Auch wenn es kalt ist, gibt es für den kleinen Drachen Kokosnuss und seine Freunde keine Langeweile, denn im Winter kann man toll draußen spielen! Und wenn dann noch Schnee liegt, hält es keinen Drachen und kein Stachelschwein in seiner Höhle.

Eisförmchen

Wenn das Außenthermometer mehrere Grad unter null anzeigt, kannst du Eisförmchen herstellen! Fülle kleine Sandförmchen mit Wasser und lege am oberen Ende einen Bindfaden hinein. Trage die Förmchen vorsichtig nach draußen. Hole sie am nächsten Tag rein und wärme sie ein bisschen mit den Händen an, sodass du die Formen aus dem Eis herauslösen kannst. Suche nun eine schöne Stelle im Garten oder auf dem Balkon, wo du deine Eiskunstwerke am Faden aufhängen kannst. Solange es kalt genug ist, bleiben sie dir erhalten.

Baut euch einen **Schneeparcours** aus Schneehaufen, Schlitten, Schneebällen, Verkehrskegeln auf. Es starten immer zwei Kinder gleichzeitig, die nun den Parcours möglichst schnell bewältigen müssen. Dabei sollen sie nicht nur rennen, sondern zum Beispiel auf einem Bein hüpfen, rückwärtsgehen, in der Hocke watscheln ... Gewonnen hat, wer zuerst am Ziel ist.

Einfrieren

Ihr braucht ein paar Tücher und ein Springseil. Legt aus dem Seil einen Kreis. Drum herum bestimmt ihr ein Spielfeld, dessen Grenzen nicht überschritten werden dürfen. Ein Kind steht mit verbundenen Augen im Kreis, die anderen Kinder dicht daneben. Das Kind im Kreis zählt laut bis zehn. Währenddessen rennen alle anderen weg. Wenn das Kind „Einfrieren!" ruft, müssen alle sofort stehen bleiben und dürfen sich nicht mehr bewegen.

Das Kind im Kreis nimmt die Augenbinde ab. Es sucht sich jemanden aus und versucht, diesen mit fünf Schritten oder Sprüngen zu erreichen. Wenn das klappt, gehen beide Kinder in den Kreis, verbinden sich die Augen, und das Spiel fängt von vorn an. Das Spiel endet, wenn alle Kinder gefangen wurden. Das Spiel könnt ihr bei schlechtem Wetter auch drinnen spielen.

Spurenleser

Ihr benötigt einige Gegenstände. Das können Sachen aus der Natur wie Äste, Kastanien, Eicheln sein, aber auch Spielsachen, Teller, Löffel oder andere Dinge aus dem Haus. Auf einer Wiese mit Schnee bereitet ein Kind Abdrücke von den Sachen vor. Die anderen Kinder müssen nun nacheinander erraten, welche Spuren mit welchen Gegenständen gemacht wurden.

Advent …

Der kleine Drache Kokosnuss, Oskar und Matilda sind aufgeregt: Sie dürfen die 4. Kerze am Adventskranz anzünden. Das bedeutet, dass schon bald Weihnachten ist!

Die Adventszeit ist etwas ganz Besonderes: Jetzt werden Plätzchen gebacken, Lieder gesungen, Lebkuchenhäuschen gebastelt. Zu Hause riecht es nach Zimt, Orange und Tannenzweigen. Der Begriff Advent kommt von Adventus. Das ist Latein und bedeutet auf Deutsch „Ankunft". Damit ist die Geburt Jesu gemeint. Für Christen ist Jesus der Sohn von Gott, der uns von Gottes Liebe zu den Menschen erzählt hat. Deshalb feiern wir an Weihnachten den Geburtstag von Jesus mit einem großen Fest.

Der Adventskranz verkürzt uns die Zeit bis Weihnachten. Er hat vier Kerzen. Jeden Sonntag im Advent zünden wir eine Kerze an. Wenn die vierte Kerze brennt, dauert es nicht mehr lange bis Heiligabend. Als der Adventskranz vor fast zweihundert Jahren erfunden wurde, hatte er übrigens 28 Kerzen: 24 kleine rote für die Tage vom 1. Dezember bis Weihnachten, und vier dicke weiße für die vier Adventssonntage.

Matildas Weihnachtsstern

Das brauchst du:

- 8 Butterbrottüten aus Papier
- Schere
- Klebestift
- Bleistift
- Geschenkband

So geht's:

1. Lege eine Papiertüte mit der Öffnung nach oben vor dir auf den Tisch.
2. Jetzt streichst du die Papiertüte in der Mitte und an der unteren Kante mit Klebstoff ein und klebst die zweite Tüte darauf. Die Klebefläche sieht aus wie ein T, das auf dem Kopf steht.
3. Den Schritt mit dem Klebstoff wiederholst du und klebst die dritte Tüte auf die zweite. Wiederhole das, bis du nur noch eine Tüte übrig hast.
4. Auf die letzte Tüte malst du an der rechten und linken Kante ein Muster. Es könnte ein halbes Herz oder ein anderes Muster sein. Dann klebst du die 8. Tüte auf die 7. Tüte.
5. Jetzt schneidest du dort, wo sich die Tütenöffnungen befinden, mit der Schere eine Spitze.
6. Auf die Spitze klebst du ein Stück Geschenkband, damit du den Stern später aufhängen kannst.
7. Jetzt kannst du den Stern auffalten und die erste und letzte Tüte zusammenkleben. Frohe Weihnachten!

… und Weihnachten auf der Dracheninsel

Endlich hat das Warten ein Ende, und es ist Weihnachten auf der Dracheninsel. Beim Schmücken des Weihnachtsbaumes in der Drachenhöhle helfen in Kokosnuss' Familie alle mit. Bei Matilda gibt es am Heiligabend Kartoffelsalat mit Würstchen. Und in Oskars Familie backen alle gemeinsam nach dem Frühstück leckere Plätzchen und singen dabei Weihnachtslieder. Welche Traditionen gibt es bei dir zu Hause?

Oskars Vanillekipferl

Das brauchst du: für etwa 25 Stück:

- 140 g Mehl
- 25 g gemahlene Mandeln
- 25 g gemahlene Haselnüsse
- 35 g Zucker
- 3 Päckchen Vanillin-Zucker
- 1 Prise Salz
- 1 Eigelb
- 100 g nicht zu harte Butter
- ca. 40 g Puderzucker
- Frischhaltefolie und Backpapier
- Schüssel, Handrührgerät, Sieb, Kuchengitter

So geht's:

1. Gib Mehl, Mandeln, Haselnüsse, Zucker, ein Päckchen Vanillin-Zucker, Salz und Eigelb in eine Schüssel. Die Butter „streust" du in Flöckchen darüber. Verknete alles mit dem Handrührgerät zu einem glatten Teig.
2. Forme mit den Händen den Teig zu einer Kugel, wickele ihn in Folie und lege ihn etwa eine Stunde in den Kühlschrank.
3. Bitte einen Erwachsenen, den Backofen vorzuheizen (E-Herd: 200° C / Umluft: 175° C / Gas: Stufe 3).
4. Rolle kleine Teigstücke auf einer sauberen Arbeitsfläche zu einer Wurst und forme sie zu Halbmonden. Lege die Kipferl dann auf ein mit Backpapier ausgelegtes Backblech.
5. Im vorgeheizten Backofen backst du die Plätzchen für zehn Minuten. Schau genau hin, es dürfen nur die Spitzen leicht braun werden! Dann schnell aus dem Ofen herausnehmen. Wenn du etwas am Backofen machst, lass dir immer von einem Erwachsenen helfen.
6. Siebe den Puderzucker und mische ihn mit dem restlichen Vanillin-Zucker. Wälze die heißen Kipferl vorsichtig darin – pass dabei auf deine Finger auf und verbrenne dich nicht!
7. Lass die Plätzchen auf einem Kuchengitter auskühlen.

Bei diesem Buch wurden die durch das verwendete Material
und die Produktion entstandenen CO_2-Emissionen ausgeglichen,
indem der cbj-Verlag ein Projekt zur Aufforstung in Brasilien unterstützt.
Weitere Informationen zu dem Projekt unter:
www.ClimatePartner.com/14044-1912-1001

Penguin Random House
Verlagsgruppe FSC® N001967

1. Auflage 2021

„Der kleine Drache Kokosnuss" ist eine Figur von Ingo Siegner.
Konzept und Texte: Steffi Korda, Büro für Kinder- und
Erwachsenenliteratur, Hamburg
Fachberatung: Eva Engler
Artwork und Design: Alfred Dieler, Darmstadt
hf · Herstellung: IH
Satz- und Reproduktion: Lorenz & Zeller, Inning a.Ammersee
Druck: DZS Grafik d.o.o.
ISBN 978-3-570-17921-5
Printed in Slowenia

www.cbj-verlag.de
www.drache-kokosnuss.de
www.youtube.com/drachekokosnuss

Alle Kokosnuss-Abenteuer auf einen Blick:

1. Der kleine Drache Kokosnuss – Seine ersten Abenteuer (groß: 978-3-570-17566-8 und klein: 978-3-570-17567-5)
2. Der kleine Drache Kokosnuss feiert Weihnachten (groß: 978-3-570-17565-1 und klein: 978-3-570-17564-4)
3. Der kleine Drache Kokosnuss kommt in die Schule (978-3-570-12716-2)
4. Der kleine Drache Kokosnuss – Hab keine Angst! (978-3-570-12806-0)
5. Der kleine Drache Kokosnuss und der große Zauberer (978-3-570-12807-7)
6. Der kleine Drache Kokosnuss und der schwarze Ritter (978-3-570-12808-4)
7. Der kleine Drache Kokosnuss – Schulfest auf dem Feuerfelsen (978-3-570-12941-8)
8. Der kleine Drache Kokosnuss und die Wetterhexe (978-3-570-12942-5)
9. Der kleine Drache Kokosnuss reist um die Welt (groß: 978-3-570-17981-9 und klein: 978-3-570-17980-2)
10. Der kleine Drache Kokosnuss und die wilden Piraten (978-3-570-13437-5)
11. Der kleine Drache Kokosnuss im Spukschloss (978-3-570-13039-1)
12. Der kleine Drache Kokosnuss und der Schatz im Dschungel (978-3-570-13645-4)
13. Der kleine Drache Kokosnuss und das Vampir-Abenteuer (978-3-570-13702-4)
14. Der kleine Drache Kokosnuss und das Geheimnis der Mumie (978-3-570-13703-1)